THE TRUMP REVOLUTION

トランプ革命
の始動 覇権の再編

田中 宇
TANAKA SAKAI

花伝社

トランプ革命の始動──覇権の再編

目　次

まえがき …… 5

1章　トランプ革命の序曲 …… 23

1　トランプ革命の檄文としての就任演説 …… 23
2　トランプの「文化大革命」…… 34
3　世界と日本を変えるトランプ …… 40

2章　すべては「アメリカ第一」──覇権の再編 …… 51

1　トランプの経済ナショナリズム …… 51
2　トランプのポピュリズム経済戦略 …… 57
3　米国を覇権国からふつうの国に戻すトランプ …… 63
4　米欧同盟を内側から壊す …… 68

3章　トランプの対マスコミ戦争 …… 75

1　マスコミを無力化するトランプ …… 75
2　偽ニュース攻撃で自滅する米マスコミ …… 82
3　米大統領選挙の異様さ …… 87
4　トランプの就任を何とか阻止したかった …… 94
5　トランプと諜報機関の戦い …… 100

4章　ロシア・中国との関係はどうなる …… 109

1　トランプとロシア・中国 …… 109
2　見えてきたトランプの対中国戦略 …… 122
3　逆効果になる南シナ海裁定 …… 128

4　フィリピンの対米自立 …… 134

　　5　フリン辞任めぐるトランプの深謀 …… 140

5章　トランプ登場で激変する中東 …… 147

　　1　トランプの中東和平 …… 147

　　2　プーチンとトランプのリビア再統合 …… 154

　　3　トランプ・プーチン・エルドアン枢軸 …… 159

　　4　進むシリア平定、ロシア台頭、米国不信 …… 164

　　5　米国を孤立させるトランプのイラン敵視策 …… 169

6章　多極化する世界 …… 175

　　1　定着し始める多極化 …… 175

　　2　ロシアと和解する英国 …… 182

　　3　欧州の難民危機を煽るNGO …… 187

　　4　崩壊に向かうEU …… 192

　　5　さよなら先進国 …… 197

終章　トランプ革命と日本 …… 205

　　1　従属先を軍産からトランプに替えた日本 …… 205

あとがき──トランプ革命の行方 …… 211

カバー写真　毎日新聞社

まえがき

　2017年1月に米国の大統領に就任したドナルド・トランプは、非常に特異な大統領だ。米国の大統領は、米国という国家の元首というだけでなく、世界の主導的な運営者でもある。米国がふつうの国家でなく「覇権国」だからだ。戦後の歴代の米大統領は、米国の覇権を維持拡大する政策を（少なくとも表向き）掲げていた。

　だがトランプだけは、選挙戦の時期から米国の覇権を縮小する方向の発言をいくつも発し、それらの多くを、大統領就任後、政策として実行しようとしている。現在の米国覇権を維持する理屈の一つは「ロシアの脅威に対抗する」というロシア敵視策だが、トランプはロシア敵視をやめるとともに、ロシア敵視＝米国覇権の国際機関であるNATOの存在を何度も批判している。経済面では、NAFTAやTPPといった、米国中心の自由貿易体制（経済覇権体制）を破棄するとともに、戦後の米国が覇権を行使してずっと維持発展させてきたWTO（世界貿易機関）の自由貿易体制を否定する発言や政策を発している。

米国と世界を支配してきた軍産複合体

　本書は、こうしたトランプの特異な覇権解体・覇権放棄の戦略について分析することを目的にしている。トランプの戦略について分析するには、同時に、第二次大戦後の米国と世界を動かし（支配し）てきた勢力が、米国の政府や議会の内部にいる「軍産複合体」（軍産）であることを理解せねばならない。また、戦後の歴代の多くの米大統領が、大統領の言うことを聞かないで（もしくは大統領を騙して）米国の世界戦略を牛耳り続ける軍産の支配に対抗・迂回することを試みて難儀してきたことを見ていかねばならない。その上で、米国の軍産支配を打ち破るためのトランプの戦略、つまりトランプ革命が理解できるようになる。

軍産複合体（Military-industrial complex）とは、米国の国家内国家（Deep state、深奥国家）とも呼ばれ、米国による世界支配（覇権運営）をつかさどる勢力だ。「米国政府」と重なっている部分もあるが、大統領を頂点とする米国政府の指揮系統とは別のところで軍産の戦略が決定されている。秘密裏に決定し、秘密裏に動く諜報界が軍産を主導しているため、誰が軍産の意思決定を統括しているのか明確にできない。それを暴くべきマスコミも軍産の一部だ。米国の諜報機関、国防総省、軍需産業、国務省や外交界、マスコミ、国際関係を扱う学術界、USAID など国際的な援助や人権問題に関与する諸団体が、軍産を構成している。

　軍産は、２度の大戦によって誕生した。第一次大戦で、米国の兵器産業は戦場である欧州向けに武器を大量輸出して大儲けしたが、戦後は需要が急減した（それが 1930 年代の大恐慌の一因となった）。第二次大戦で、再び米国の兵器産業は大儲けした。戦後、兵器需要の減少を防ぐため、連合国として味方だったソ連や中国を「世界の共産主義化を阻止せねばならない」という理屈で恒久的に敵視する、低強度な恒久戦争の構図である冷戦構造が構築された。

　米ソが（マスコミの誇張報道によって見かけ上）一触即発・戦争寸前の激しい敵対になるほど、米国の軍事費が増え、米政界やマスコミは統制的な戦時色を強めて軍産の言いなりになり、欧州日韓などの同盟諸国も対米従属を強め、軍産による利益と権力（国際的な覇権）が拡大する仕掛けが作られた。

　こうした巧妙な支配戦略を立案したのは、米国の軍事産業でなく、英国政府だった。英国は、18 世紀から 200 年間の覇権国だったが、二度の大戦で大きく衰退し、覇権を維持できなくなって米国に覇権を譲渡した。第二次大戦開戦後の 1941 年 8 月の大西洋憲章で、英国は、米国が立案する世界体制づくり（のちの国連やブレトンウッズ体制）に協力することを約束しており、これが英国から米国への覇権譲渡の始まりだった。英国は、米国に覇権を譲渡すると言いつつ、新たな米国覇権体制の立案と構築の過程で、米政府の意思決定システム（権力中枢）に深く入り込んだ。

　米国は、戦後の覇権体制として、米国単独の覇権でなく、多極型の覇権

体制を指向していた。国連の安保理常任理事国の五大国制度（P5）に象徴される、米国と欧州（英仏）、ソ連（現ロシア）、中国といった地域大国が、それぞれの影響圏を持ちながら仲良く立ち並ぶのが、多極型の体制だ。

この多極型の覇権体制を立案したのは、ニューヨークの国連本部に土地を寄贈したのが石油王から発展したロックフェラー家だったことから考えて、ロックフェラー系の勢力だったようだ。ロックフェラー傘下の権威あるシンクタンクであるCFR（外交問題評議会）は、第一次大戦直後に作られ、最初の仕事は、国際連盟の創設につながる第一次大戦後の多極型の世界体制の立案だった（国際連盟は、英国の謀略で潰れた。米国はすねて孤立主義に入った）。

二度の世界大戦の本質は、英独対立を筆頭とする、欧州列強内の世界支配の争奪戦だ。だが米国は、この争奪戦の戦場となった欧州やユーラシア大陸から離れた場所にある。英国は、欧州やユーラシアでの競争で勝って世界を支配するのが国是だが、米国からみると、欧州やユーラシアの競争や戦争は、さっさとやめさせるべき無用の長物だ。米国が、覇権を中国やロシアなどにも分散し、諸大国間の談合によって世界を安定させる多極型の覇権体制（ヤルタ体制や国連P5）を作りたがったのは、地理的、地政学的に見て自然なことだった。

英国が多極化を阻止しようとするのも、地政学的に自然なことだった。多極型の世界において、米国自身は、世界の一部、広くても南北米州しか支配しないことになる。世界が多極型になってしまうと、英国が米国の世界戦略の立案過程に入り込んで牛耳っても、それ以前の大英帝国による世界支配よりもずっと小さな覇権しか得られない。英国は、米国のロックフェラー系の勢力が立案した、覇権を多極型に転換する「多極化」を、阻止する必要があった。

英国は、第二次大戦が終わっても代わりに「共産主義との長い戦い」つまり米ソ冷戦体制が続くように誘導していくことで、国連P5の多極型協調体制を、米英仏と中ソの冷戦対立に転換することにした。終戦が見えてきた段階で、英国は、大戦後に軍需や権限の縮小が予測される米国の軍需産業や国防総省に接近し、一緒に冷戦体制を構築し、大戦後も別な形での

恒久的な戦争状態を作ろうと持ちかけ、受け入れられた。第二次大戦が終わった後、英チャーチル首相が訪米して「鉄のカーテン演説」を発した。軍需産業や国防総省と親しい議員が連邦議会で「アカ狩り」を推進し、ソ連や中国への敵視が扇動され、冷戦構造が構築された。

軍産と歴代大統領の対決

それ以来、軍産と歴代大統領は、対決し続けている。軍産複合体という言葉を創造し、軍産支配について初めて警告を発したのは、第二次大戦の将軍から大統領になったアイゼンハワーだった。彼は任期末の演説で、自分の後任のケネディ大統領が軍産にしてやられることに懸念を表明した。アイクの警告は的中し、ケネディは米ソ和解を強行しようとして軍産に殺された。

その後、ニクソンは対中和解したが軍産にウォーターゲート事件を起こされて弾劾（追放）された。レーガンは、表向き軍産と結託しつつ、ゴルバチョフの米国好きに助けられて米ソ和解にこぎつけ、ようやく冷戦を終わらせ、軍産打破に成功した。だがその後、子ブッシュの時代になって、軍産は自作自演クーデター的な 9.11 テロ事件を起こし、米国の権力を事実上奪取した。9.11 以降のテロ戦争は、ソ連の代わりにイスラム世界を永遠の敵とみなす、冷戦型の恒久戦争体制の構築をめざすものだった。

その後のイラク侵攻は、軍産支配の自滅的な失敗の始まりとなった。イラクでのひどい失策からは、軍産内部に、軍産支配を過激にやって自滅させようとする二重スパイ的な勢力がいることが感じられる。イラク侵攻など中東での失敗はあったが、9.11 後の 16 年間の米国は「軍産独裁」が続いている。

オバマは、イランへの核兵器開発の濡れ衣を解いてやり、シリアをロシアに任せ、米国（軍産）でなくロシアがシリアやイラン、レバノン、トルコなどを傘下に入れるようにした。いずれも立派な多極化策だが、それ以外の面でオバマは軍産の言いなりを脱せず、米国の軍産支配が非常に強いことが示された。

2016 年の大統領選挙では、ヒラリー・クリントンが、ロシア敵視や対

米従属諸国との同盟関係強化といった軍産好みの政策を強調した半面、トランプは対露和解やNATO軽視、日韓からの軍事撤退示唆、米国の経済覇権策であるNAFTAやTPPの廃止提案など、軍産支配を否定・敵視する姿勢を見せた。軍産傘下のマスコミは、こぞってクリントンを支援し、トランプを落選させようとした。だが、トランプは巧みなポピュリズム扇動をやって当選した。当選後、軍産やマスコミとトランプとの対立・暗闘が続いている。

トランプ革命は米国の単独覇権を破壊しようとする試み

　トランプ革命は、軍産が、米政府を乗っ取って続けてきた米国の単独覇権を破壊しようとする試みだ。トランプ革命について考える際に、覇権とは何かを考えねばならない。覇権とは、他国に影響力を行使して隠然と支配する国際的な政治力のことだ。現代の世界において、他国を軍事支配し、植民地として顕然と支配することは許されていない。国連において、すべての国家は平等だ。だがこの平等性は建前でしかない。

　実際は、たとえば戦後の日本は一貫して米国の言いなりだ。韓国や東南アジア諸国、サウジアラビアなど多くのアラブ諸国、独仏など西欧諸国、カナダや中南米など、世界の多くの国が、程度の差があるが、米国の言いなりである。日本や韓国、サウジ、ドイツなどには米軍が駐留しているが、それらの国々の政府は、米国の植民地でないし、米国に脅されて政策を決定しているのでなく、米国と友好関係を結びつつ、すすんで米国の言いなりになっている。この状態が、米国の「覇権」である。

　米国が世界各国に「覇権を行使させろ」と言ってむりやりに支配しているのでなく、世界が米国に「どうぞ覇権を行使してください」「米国の言うことに従います」「対米従属させてください」と進言し、戦後の米国の覇権体制が続いている。

　（このほか、ラオスやカンボジア、ミャンマー、パキスタンは、中国の覇権下にある。ベラルーシやアルメニアはロシアの覇権下だ。中央アジア5カ国は、中国とロシアが共同で覇権を行使している。ドイツはEUを通じ、東欧や南欧諸国に対し、あまり強くないが覇権を持っている。）

米国の覇権は、大統領でなく、軍産が握っている。ふつうに考えると、米国の国家元首である大統領が、覇権戦略の最終決定権を持っている（もしくは大統領と連邦議会のせめぎあいや議論で決定する）のが自然だし合法的だ。しかし、現実はそうなっていない。長期的な米国の覇権戦略（世界戦略）を決めているのは大統領でない。議会でもない。短期的には、大統領や議会が決定権をもてる。だが長期的には、大統領でも議会でもない軍産の人々が米国の覇権戦略を立案し、大統領や議会が短期的に反対しても、長期的にはそれをねじ曲げて、米国覇権（つまり世界全体）を運営している。世界は、米国覇権でなく「軍産覇権」の状態にある。トランプは、こうした世界的な軍産支配の状態を壊そうとしている。

軍産の構成員

　軍産の構成員について、さらに分析してみる。軍産という言葉からは、軍隊が中心という感じがするが、軍産の中心は軍隊でなく「諜報界」である。諜報界というと、まず諜報機関が思い浮かぶ。CIA、NSA、DIA など、米政府には 17 の諜報機能を持った機関がある。これらは、いわゆるスパイや捜査官で、米国外の敵国やテロ組織などの敵性勢力の動きをさぐるとともに、米国内で敵のスパイやテロリスト、犯罪組織の活動をさぐるのが（建前的な）任務だ。

　彼らは、建前以外の機能として、本来は自分たちの上司であるはずの、大統領やホワイトハウスの閣僚や側近群、議会の議員や側近らの会議やメールや電話の内容を傍受盗聴し、諜報界自身にとって不利な政策決定を先回りして妨害することができる。諜報機関は、米国内外の外国スパイやテロリストの動向を探るためと称して、国内外に多くのエージェントを抱えている。それらを動員して、暗殺や暴動扇動などをやれる。

　エージェントの中には、スパイや暴力団的な勢力だけでなく、マスコミや学術界において、軍産・諜報界にとって好都合な世界観や善悪観、国際情勢解説、歪曲された事実関係の報道などを行う勢力もいる。軍産は、自分たちに都合のいいことを言ってくれる学者や言論人に権威を与えて発言力を強化してやる。

昇進したい権力指向を持つ嗅覚が鋭い若手の学者や言論人、記者などは、自らすすんで軍産が好む発言や解説記事の執筆をやり、軍産に取り立ててもらえるよう努力する。軍産に盾突いて「事実はそうじゃない」「政府の説明は歪曲されている」と指摘する者たちこそ、本来のジャーナリストや言論人であると言えるのだが、そういう者たちは冷や飯を食わされ、軍産傀儡の同業者から非難中傷され、無根拠な間違いばかり言う劣った奴、陰謀論者のレッテルを貼られる。彼らの指摘は、ほとんど注目されずに終わる（私自身も陰謀論者とみなされている）。

　諜報機関の任務の多くは「軍事諜報」だ。諜報機関が敵の居場所や動きを探り、軍がそれを攻撃して潰す。それが戦争だ。諜報界には、諜報機関だけでなく、軍隊（国防総省）と、そこから発注を受ける軍事産業（兵器メーカー）が含まれる。

　軍事産業の多くは、単に兵器を開発製造して国防総省に納入するだけでなく、軍や諜報界が議会や大統領から自立して動けるようにするための費用捻出（資金洗浄）の機能も持っている。米国の兵器は、やたらにカネがかかる。F35戦闘機など、当初予算の2倍以上の開発費がかかっているが、いまだに戦闘で使い物にならない。なぜ途方もないカネがかかるかというと、それは、開発費のかなりの部分が、開発と無関係な、諜報界がこっそり雇用しているエージェントの維持費など、議会や大統領に報告できない機能のコストに横流しされているからだ。予算の水増しは多方面にわたり、国防総省のトイレの便器のふたが一個あたり1000ドル近くで調達されたことになっていたりする。

　諜報機関や国防総省、軍事産業は、多くの読者にとってイメージの悪い勢力だろう。対照的に、外交を担当する国務省にいる外交官は、良いイメージの勢力だ。しかし、国務省にいる外交官も「軍産」の一味である。米国において、国務省が完全に軍産の傘下に入ったのは、01年の9.11テロ事件以降、特に03年のイラク戦争後だ。

　9.11以降、米国の世界戦略は「強制民主化」「政権転覆」「先制攻撃」といった概念をちりばめた単独覇権主義になった。この戦略には、反米的な諸国（ときに親米的な国々）の政権を、軍事だけでなく、反政府市民運動

の扇動によって転覆させることも含まれており、国務省はイラク戦争後、その戦略を実行する機関として再編された。国務省が主導した最近の象徴的な政権転覆は、2014年にウクライナの親ロシアなヤヌコビッチ政権を倒し、極右政権に交代させたことだ。エジプトやチュニジア、シリアなどで政権転覆が試みられた「アラブの春」も、米国の国務省が後ろで糸を引いていた。

マスコミと学術界も軍産の傘下

　米国のマスコミと学術界も、軍産の傘下にある。これらも意外なことだろう。マスコミは「正義」を報じることが任務のはずで、軍産という「悪」の傘下にあるとは考えにくい。学術界も「真実」の探究が任務であり、戦争屋の軍産から遠い存在に思える。

　だが実のところ、米マスコミは、諜報界から情報をもらって記事を書くことを続けるうちに、諜報界のいいなりになる、諜報界と一心同体な存在となっている。下っ端の記者は、諜報界と関係ない人、諜報界の存在を感じずに仕事をしている人がほとんどだろうが、記事の論調や意味づけを決定する編集者（デスク）やコラムニストなどマスコミ各社の上層部は、諜報界の意を受けた報道をする傾向が強い。

　03年のイラク戦争は、諜報界（ブッシュ政権中枢にいた「ネオコン」）が流した大量破壊兵器のニセ情報（イラクがニジェールから核兵器用のウランを買っていたというニセ文書など）を米マスコミが喧伝し、ニセの開戦大義になってしまったことによって起きている。ニューヨークタイムズなどのマスコミは、諜報界に深く入り込んでおり、ニセ情報をつかまされて軽信しただけの「被害者」でなく、ニセ情報と知りながら喧伝していた。

　その後、米政府がイランに核兵器開発の濡れ衣をかけて制裁した時も、米国のマスコミは、米政府の濡れ衣を積極的に喧伝した。米マスコミは、イラク戦争でウソを報じて「反省」したはずなのに、諜報界が歪曲捏造したイランを悪者に仕立てる濡れ衣を、延々と報道した。日本のマスコミも、米マスコミをそのまま鵜呑みにして報道し続けた。イランの核問題をめぐって国連IAEAが何度か出した報告書には、米国など国連の査察官が

嫌がらせ的に何度も軍事機密の施設を査察したがり、イラン側が正当な対応として多重な査察を拒否したことなどを書いている。米当局は、これについて「イランが査察を拒否した軍施設で核兵器を開発しているに違いない」と表明し、米マスコミは「米当局によると、イランが核兵器を開発していることが明らかになった」と報じた。

　11年からのシリア内戦では、アサド政権を転覆してシリアを「民主化」することが、米政府の建前的な戦略だった。米政府は、反政府勢力が「善」でアサド政権が「悪」であるという善悪観を醸成し、反政府勢力によるアサド政権打倒の動きを支援した。実際には、シリアの反政府勢力は、国際テロ組織のIS（イスラム国）とアルカイダ（ヌスラ戦線）で、いずれも無実の市民を殺戮する、「善」と正反対の「極悪」の集団だった。

　アサド政権を転覆して反政府勢力がシリアの政権をとったら、それはISアルカイダの政権になり、民主化どころかテロリストの独裁国になる。米諜報界は「ISやアルカイダと無関係な、穏健で西欧リベラル主義のシリア反政府勢力が存在する」と喧伝したが、実のところ、そんなものは存在しなかった（内戦の初期にはムスリム同胞団系の反政府運動が存在したが、内戦が激しくなると、戦闘に長けたアルカイダに併合された）。シリア内戦に関して米国（米欧）が世界に流布した善悪観は全くのウソだった。このウソの喧伝に大きく貢献したのが米マスコミだった。

　米欧マスコミは、アサドのシリア政府軍が無実のシリア市民を虐殺したと喧伝したが、それはアルカイダの宣伝担当者が地元NGOのふりをして「政府軍による市民虐殺」について米欧マスコミの特派員に説明し、それを（怪しい話と気づきながら）鵜呑みにして報道した結果だった。このことは、本書3章の4「トランプの就任を何とか阻止したかった」などで書いた。

ウクライナ政府転覆とクリミア問題の真相

　14年のウクライナ政権転覆と、その後のウクライナ内戦、ロシアのクリミア半島併合をめぐっても、諜報界が主導する米国の政府とマスコミが結託して善悪観を歪曲し、ロシアに「悪」の濡れ衣を着せた。

まえがき …… *13*

中国とロシアの結束により、国際社会でロシアの影響力が拡大したことに対抗するため、米政府は国務省主導でウクライナを親露から反露に覆らせた。ウクライナの親ロシアなヤヌコビッチ政権を、米国務省が扇動する反政府運動によって倒し、代わりにヤツェニュク首相らの反ロシアな極右政権を樹立させた。極右政権は、ウクライナの人口の約2割を占める東部州に住むロシア系の権利を剥奪し始めた。怒ったロシア系はウクライナからの分離独立を求めて武装し、分離独立を阻止しようとする政府軍や極右の民兵団と内戦になった。

　ウクライナ東部の一角を占めるクリミア半島は、ロシアにとって最重要な軍港の一つであるセバストポリがある。クリミアは、住民の大半がロシア系で、ソ連時代の前半までロシア領だったが、1950年代にソ連からの各共和国の分離独立を困難にするための境界線の引き直しとして、クリミアをロシアから分離してウクライナに編入した（それを実行したフルシチョフがウクライナ系だったこともある）。

　ロシアのウクライナの両方がソ連の一部である限り、重要な軍港があるクリミアがソ連領内のどの共和国に属していても問題なかったが、冷戦終結時のソ連崩壊でロシアとウクライナが別々の独立国家になった後、クリミアの帰属が問題になった。ロシアは、ウクライナが親露的な政権である限り、クリミアをウクライナ領のままにして、セバストポリの軍港をウクライナから租借する形式に同意した。だが、米国が14年にウクライナの政権を親露から反露に転覆させ、ウクライナ新政権がセバストポリをロシア軍に貸すことを拒否し始めた。

　この新事態は、ロシアは安全保障にとって脅威だった。クリミアでは、クリミアをウクライナから分離独立してロシアに併合してもらう政治運動が勃興し、14年3月の州民投票の結果、クリミアのウクライナからの分離独立が決定し、それを受けてロシア議会がクリミアを併合した。

　このような経緯を見ると、クリミアの帰属がウクライナからロシアに移ったことは、クリミアの住民の民意を反映しており、地元の民意を受けてロシアがクリミアを併合したことも、歴史的な正当性や、安全保障上の合理性がある。米国がウクライナの政権を転覆させたことの方が、外国へ

の不当な内政干渉だ。

　しかし、米国（米欧）マスコミ（と、それを鵜呑みにする日本のマスコミ）は、米政府の内政干渉を正当化して報じ、クリミアの帰属移転を、ロシアやロシア系住民による「悪行」「身勝手な行為」と、善悪を歪曲して報道し続けている。ウクライナ東部の内戦でも、米欧マスコミは「ロシア軍がウクライナ東部に戦車部隊で侵攻し、ロシア系住民を加勢するため駐留している」と、事実でないウソ報道を続けている。露軍がウクライナ東部に侵攻していないことは、欧州諸国で構成する停戦監視団のOSCEが結論づけている「事実」だ。ロシアは、正当性を保つため、ウクライナ東部への越境侵攻を控えている（ロシア軍人が休みをとってウクライナ東部に個人的に義勇軍として参加することは黙認している）。

マスコミやジャーナリズムをめぐる「真実」

　このほか、米マスコミは、2001年の9.11テロ事件でも、事件をめぐる数々のおかしな点について全く報じていない。9.11テロ事件は、米諜報界が発生を予測していたのに防がなかったか、もしくは米諜報界自身がテロの発生を誘導した疑いがある。

　百年あまりの歴史的に見ても、マスコミは、国家の戦争行為に加担することが、マスコミが産業として始まった当初から義務づけられていた観がある。開戦後、戦争に協力する方向の報道を行うだけでなく、政府（諜報界）による戦争開始の策動に協力してきた。米国のジャーナリズムの賞として世界的に有名なものに「ピューリッツァ賞」があるが、この賞を作ったジョセフ・ピューリッツァは、キューバの支配権をめぐって1898年に米国とスペインが戦った米西戦争が始まる原因を作った人である。

　米西戦争は、当時スペイン領だったキューバの港に停泊中の米国の戦艦メーン号が何者かによって撃破沈没された。これをピューリッツァの新聞「イブニング・ワールド」が「スペインの仕業に違いない」と喧伝し、米国のマスコミ全体が同様の方向で米西間の敵対を煽った結果、米国の対西開戦へとつながった。メーン号の沈没理由が故障による自損事故だったことは、後から判明した。

まえがき …… *15*

1898 年のメーン号事件から、2003 年のイラク大量破壊兵器の捏造までの 105 年間、ジャーナリズムのインチキな本質はほとんど変わっていない。人々が、マスコミによるイメージ作りに簡単にだまされる状況も、105 年間ほとんど変わっていない。むしろテレビがお茶の間を席巻した分、人々は活字全盛時代よりもさらに簡単にだまされている。

　ピューリッツァとその後の「同志」たちが巧妙だった点は、自分たちがジャーナリズムの名のもとにやっていた扇動行為を、洗練された知的で高貴な、権威あるイメージに変えることを企図し、見事に成功したことだ。ピューリッツァは、誇張報道で儲けたカネで米国ニューヨークのコロンビア大学に巨額の寄付を行い、ジャーナリズム学科を創設し、同学科を事務局とするピューリッツァ賞を作った。今では、コロンビア大学のジャーナリズム学科とピューリッツァ賞は、この分野で世界最高の権威だ。「ジャーナリスト」は、世界中の若者があこがれる職業になった。

　だが、イラク侵攻後、ジャーナリズムが内包するインチキさがばれてしだいに権威が落ちており、トランプのマスコミ攻撃がそれに拍車をかけている。この傾向は、マスコミやジャーナリズムをめぐる「真実」が暴露されていくことであり、歪曲されない善悪観で見ると「良いこと」である。

　学術界でも、大学で誰が教授に昇進するかを決めるプロセスで、軍産から権威をもらった重鎮の教授が大きな発言力を持つ仕掛けが作られ、世代を超えて自動回転している。最も権威ある前述のロックフェラー系のCFR などのシンクタンクでも、軍産系の学者がしだいに伸していき、9.11以前から、CFR の論文誌であるフォーリン・アフェアーズなどでは、好戦的に歪曲された分析が大半を占めるようになっている。

　このように、マスコミも学術界も外交界も軍産の傀儡ばかりになる中では、軍産好みの好戦策を必要以上に過激にやって意図的に失敗させることで軍産の影響力を自滅的に削いでいくことしか、軍産に対抗できなくなっている。イラク侵攻の開戦事由（大義）となったイラクの大量破壊兵器が実は存在しないことが事後に確定したことは、軍産の影響力・権威・信用を失墜させたが、これは「軍産傀儡のふりをした反軍産勢力」による軍産潰しの策でないかと疑われる。あれをやったのは「ネオコン」だった

が、ネオコンの多くは CFR に出入りしている。ロックフェラー（CFR）は、軍産に席巻されつつも、軍産に反撃している。

　米国は、民主主義の国だ。だが、軍産は民主的に選ばれた人々でない。諜報機関や国防総省、国務省のトップは大統領が任命するが、その下の人々や、マスコミ人、学者、シンクタンクや NGO の幹部といった他の分野の人々は、民意と関係なく存在する。役所のトップでさえ、大統領が選びうる人選の枠内に、多数の軍産系の勢力が入っている。

　大統領自身は、選挙を勝ち抜いて軍産独裁を打ち破ろうと努力しても、大統領になってできることは少ない。私がかつて、オバマ大統領は隠れ多極主義だと書いたところ「大統領が多極化を宣言しさえすれば、世界は多極化する。隠れてやる必要などない。大統領がそのように宣言しないのだから、大統領は多極化など望んでいない。貴君は間違っている」と書いたメールを送ってきた人がいるが、米国の権力構造はそのような単純なものでない。

表と裏の激しい権力闘争

　そんな中で、トランプは、軍産と戦うことを宣言しつつ選挙戦を勝ち抜いて大統領になり、就任後も明示的に軍産と戦い続けている、異色の存在だ。トランプは、民主主義にのっとって大統領になり、民意を無視して米国と世界を牛耳る軍産との果し合いを（たぶん命をかけて）始めている。トランプを酷評するマスコミが軍産のプロパガンダ機関であることに気づけば、トランプが大統領になったことが、米国の民主主義の底力を示す素晴らしいストーリーであることが見えてくる。

　トランプは大統領になり、米国の「表の権力」を握った。だが、米国の「裏の権力」は、まだ軍産に握られたままだ。トランプの大統領就任後、表と裏の激しい権力闘争が始まっている。トランプは大統領就任時の演説で、米国の権力がワシントン DC の少数の勢力（エスタブリッシュメント）に握られ、国民生活がないがしろにされていると指摘し、国民（の代表であるトランプ自身）が権力を小集団から奪取する時が来たと宣言している。この「トランプ革命の檄文」たる大統領就任演説について、1章で

まえがき …… *17*

詳しく書いた。

続く2章では「経済ナショナリズム」と解釈できるトランプの経済戦略について分析した。3章ではトランプがマスコミや諜報機関とどう戦っているかについて詳述した。4章は、軍産が固執するロシアや中国に対する敵視戦略の現状と、それをトランプがどう変えうるかについて書いた。5章は、軍産による「新冷戦」的な戦略である中東の恒久戦争をめぐる分析と、それに対してトランプがどう動き始めているかを解説した。6章では、軍産が運営してきた米単独覇権の世界体制が9.11以後に崩れ出し、覇権の多極化が進んでいること、トランプの出現で多極化が進みそうなことを書いた。終章では、トランプと日本の関係について分析した。

日本とトランプの関係

1章を始める前に、日本とトランプの関係について少し書いておく。トランプは選挙戦中に、日本や韓国、ドイツ、サウジアラビアなどの同盟国を列挙して「同盟諸国が米軍の駐留費を全額負担しない場合、米軍の駐留をやめる」と言ったり「日韓が米軍の駐留によって安保を維持するのをやめて、核武装して独自に安保を維持する方式に変えると言うなら、日韓の核武装を許容する」といった発言を行なっている。トランプは貿易について、日本車メーカーが米国で売る自動車の主要部品をメキシコで作っているのはけしからんとか、日本の当局が対ドル為替を不当に円安ドル高に操作しているといった発言も放った（同様の発言をドイツに対しても発している）。

米英などの新聞やシンクタンクは、トランプは日本に対米従属を許さなくなるのでないか、在日米軍を撤退したり、尖閣諸島は日米安保条約の枠内にないと宣言したりするのでないかという予測をした。日本が中国と領有権を争っている東シナ海の尖閣諸島が日米安保の枠内に入るかどうかは、日中が尖閣で軍事衝突した場合、米軍が日本の側に立って中国軍と戦争する法的な義務があるかどうかということだ。

だが、トランプは大統領当選後、日本の安倍首相と二度の会談を行い、日本との同盟関係を強く支持した。トランプは安倍に対し、貿易や為替の

問題でも、何も苦言を言わなかった（為替問題は先送りされた）。トランプ政権のマティス国防長官は、17年2月に訪日した際、尖閣諸島が日米安保の枠内であると明言した。選挙戦中に反日的な発言が目立ったトランプが、当選後は一転して親日的になった。この転換は何を意味するか。トランプは今後もずっと親日的なのか。

　日本の国家戦略は、戦後一貫して対米従属だ。米国の国際戦略を決定してきたのは軍産なので、日本の国是は「対軍産従属」である。16年の大統領選挙に際し、日本政府は一貫して軍産系のクリントン陣営とだけ親しくした。選挙前の16年9月に訪米した際、安倍首相はクリントンとだけ会談し、軍産に楯突くトランプ陣営とは全く会わなかった。この姿勢は、日本が「対軍産従属」であることを象徴している。対軍産従属の日本を、トランプが敵視するのも当然の流れだ。加えて、トランプは80年代の「ジャパンバッシング」の時代から、日本の対米貿易黒字に批判的で、貿易面で日本を攻撃することが、米国民の雇用を守る表明につながったこともある。

　対軍産従属な日本政府（外務省など）は、軍産系勢力だけが米国の情報源だっただろう。情報源はすべて「クリントンが勝つに決まっている」と言い続け、日本政府はクリントン勝利を疑わなかった。だが、結果はトランプが勝ってしまった。大混乱の中、安倍首相は急いでトランプ陣営につながる連絡先を探して会談を申し込み、トランプにすり寄った。

　すり寄ってきた日本の安倍に対し、トランプは「お前らは軍産の傀儡だろう。つきあってやらないぞ」と言うのでなく「お前らが対米従属だというなら、軍産に従属するのでなく、俺に従属しろ。そうしたら、いろんなご褒美をやるぞ」と提案した。安倍は、その提案に乗ったので、トランプは選挙戦中と打って変わって親日的な態度をとり、尖閣諸島は日米安保の枠内であり続け、在日米軍の駐留費負担も今のところ全く問題にされていない。貿易では、いずれ米国を儲けさせる新たな態勢（二国間貿易協定など）を飲まされるかもしれないが、それもまだ突きつけられていない。このあたりは終章に詳しく書いた。

まえがき …… 19

トランプの日本の「発見」

　トランプが安倍の日本を味方にすることにしたのは、日本が、リベラルな理想を追求する社会でないこともある。トランプは軍産と戦っているが、軍産の思想的な背骨は、民主主義を世界に広げようとするリベラルの理想主義だ。

　軍産は、自分らの覇権の維持拡大のためにリベラル主義を悪用しているだけで、本気で世界を民主化する気などない（やろうとしても、できるものでないが）。軍事や民衆運動の扇動によって軍産に政権転覆された国には、真に民主的な政権ができるのでなく、米国（軍産）の言いなりで動く政治家が政権をとる傀儡国が作られる。民主化と正反対の結末になる。もしくはうまく傀儡政権ができず、恒久的な内戦に陥って何十万人もの国民が無意味に死ぬ。軍産は、それでもかまわない。米国の覇権が維持拡大できれば良い。うまく行かなくても、軍産傘下のマスコミが、うまくいっているように（もしくは失敗をロシアやイランのせいにして）報じてくれるので問題ない。

　軍産は、欧米の思想であるリベラル理想主義を悪用しているだけだが、米国の民主党支持者や、ドイツのメルケル支持者たちは、自分らが軍産に騙されていることに気づいていない。軍産と戦うトランプは、リベラル派との戦いを強いられている（トランプは意図的に反リベラルをやっている面も強い）。ドイツ、英国、フランス、オーストラリア、カナダなどの欧米系の諸国には、トランプを敵視する（軽率軍産傀儡な）リベラル派がいる。

　トランプは、非リベラルなロシアや中国と仲良くしたいが、中露敵視な軍産に阻まれてなかなか実現できない。リベラル派との国際的な戦いを展開するトランプにとって、リベラルでない親米諸国の日本は、ありがたい存在だ。上っ面だけ欧米風で、根っこが東アジア的な現実主義の日本は、本質的に非リベラルな国だ（リベラルが好きな、いわゆる左翼はいるが、ラディカルでなく表層的で、多くがお門違いな人々だ）。日本は、先進諸国の中で唯一欧米文明でなく、唯一の非リベラル国だ。トランプは、リベラルとの戦いにおいて日本を味方として「発見」し、安倍を歓待したのだ

ろう。

　今後、西欧でルペンが勝利し、メルケルが下野するなどして、西欧諸国に軍産の傀儡になることを拒否する政権ができていくと、リベラル軍産と、非リベラルなトランプとの戦いにおいて、非リベラルなトランプを支持する諸国が増える。そうなると、トランプにとって日本の非リベラル性の希少価値が薄れ、非リベラルさよりも日本の対米貿易黒字が目立つようになり、米国がもっと得する日米貿易協定を結べとか、経済面の要求が強くなるかもしれない。

1章　トランプ革命の序曲

1　トランプ革命の檄文としての就任演説

　ドナルド・トランプが米大統領に就任した。彼が、米国と世界の政治・経済・社会状況に、大きな転換をもたらすことは間違いない。昨春に彼が有力候補になって以来、私は彼について何本も記事を書いてきた。最近の私は「トランプ情勢分析者」になっている。それほどに、彼は国際情勢の巨大な転換役となる感じがする。米大統領という、人類の覇権体制の中枢を占めた彼が、どんな戦略に基づいて、何をどこまでやれそうか、何を破壊して何を創設するのか、どこからどんな敵対・妨害・支援を受けるのか、全体像が膨大だし、曖昧・未確定・未言及な部分が多いので、読み込みや分析が追いつかない。本章ではまず、トランプが 2017 年 1 月 20 日に発した大統領就任演説の分析をする。

　就任演説を読んでまず驚くのは「ずっと前から、ワシントン DC の小集団・エスタブリッシュメントだけが儲け、あなたたち米国民は失業や貧困にあえいでいる。だが今日からは違う。米政府はあなたたち米国民のものだ。（トランプが主導する）この運動は、米国の国家を（エスタブ小集団の支配から解放し）、米国民のための存在に変えるためにある」と明言し、米国民に対し、エスタブ小集団を権力の座から追い出すトランプの運動に参加するよう呼びかけていることだ。

　米大統領は、米国を支配するワシントン DC のエスタブ小集団のトップに立つ地位だ。トランプは、自分がその地位に就いたのに、就任式の演説で、自分がトップに立つ支配体制をぶち壊したいので協力してくれと、国

民に呼びかけている。しかもトランプは、これと同趣旨の演説を、共和党の候補の一人だった2016年初めから、何度も繰り返している。トランプは思いつきの出まかせばかり言う人だとマスコミは報じてきたが、全くの間違いだ。トランプは一貫して同じことを言い続けている。確信犯だ。

　ふつうの人は、大統領になったら、エスタブ小集団に迎合してうまくやろうとする。民主主義や人権といった建国以来の米国の理念を賛美し、世界の「悪」（独裁国家や社会主義）に立ち向かう決意を表明するのが、従来ありがちな大統領の就任演説だった。しかし、トランプは、そういうことを全く演説に盛り込まないどころか「中身のない話をする時は終わった。実行の時がきたのだ」（The time for empty talk is over, now arrives the hour of action.）と明言している。

　トランプは、大統領になって米国の政権（エスタブ小集団）を握ったとたん、米国の政権を破壊し転覆する政治運動を、大統領として開始し、国民に参加を呼びかけている。これは革命だ。就任演説は、トランプ革命への参加を国民に呼びかける「檄文（召集命令）」となっている。演説は「私たち、あなた方（we, you）」といった米国民全体をさす呼称が多用され、「私（I）」がほとんど出てこない。トランプ自身が英雄になるつもりはないようだ。悪い権力構造を破壊して最後は自分も消される運命を予期しているのか。まるで映画のヒーローだ。

　米支配層（エスタブ小集団）の一員であり、支配層による支配体制を「いいこと」として報じることが不文律的な義務となっているマスコミは、当然ながら、トランプ革命の檄文という就任演説の主旨を報じず、トンデモ屋のトランプがまたおかしな、危険なことを言っているという感じで報じている。米国民の中でも、大統領選挙でクリントンに入れ、トランプを嫌い続けているリベラル派の人々は、トンデモ演説とみなしている。だがトランプ支持者は、よくぞ言ったと評価し、檄文に鼓舞されている。米国は、トランプ支持者と、リベラル派（と軍産マスコミなど支配層）とが対峙する傾向を増している。

トランプ大統領就任演説（日本語訳、共同通信）

ロバーツ最高裁長官、カーター元大統領、クリントン元大統領、ブッシュ元大統領（子）、オバマ前大統領、米国民の皆さん、世界の皆さん、ありがとう。

米国の市民はいま、大いなる国家的取り組みに向け協力することになった。国家を再建し、全ての人が希望を取り戻す取り組みだ。われわれは共に、米国や世界が今後何年にもわたって進む針路を決定する。難題や苦難に直面するだろうが、仕事をやり遂げる。

4年ごとにわれわれはここに集まり整然と平和裏に権力を移行する。オバマ前大統領とミシェル夫人に感謝する。政権移行を丁重に支援してくれた。彼らは素晴らしかった。ありがとう。

今日の式典には特別な意味がある。今日われわれは単に権力を新旧政府の間で、あるいは政党の間で移行するだけではないからだ。権力を首都ワシントンからあなた方国民に返還するからだ。

あまりに長きにわたり、政府から恩恵を享受するのは首都にいる一握りの人々にとどまり、国民にはしわ寄せが及んできた。ワシントンは繁栄しても、国民が富を共有することはなかった。政治家が潤う一方で、職は失われ、工場は閉鎖された。支配層は保身に走り、市民を擁護しようとはしなかった。支配層の勝利や成功は、皆さんの勝利や成功とはならなかった。支配層が首都で祝杯を挙げていても、懸命に生きる全米の人々に浮かれる理由はなかった。

ここから、たった今から、全てが変わる。この瞬間は皆さんのためにある。今日ここに集まった皆さんと、式典を見守る全米の皆さんのためにある。

今日は皆さんの日、皆さんの祝典だ。そしてこの米国は皆さんの国なのだ。大切なのは、どの政党が政府を支配するかではない。国民が政府を支配しているかどうかが大切なのだ。2017年1月20日は、国民が再び国の支配者となった日として記憶されるだろう。忘れられてきた人々も、これからは忘れられることはない。皆さんの声に誰もが耳を傾けている。大勢の皆さんが歴史的なうねりの当事者となるためやって来た。世界がかつて目撃したことがないような社会現象だ。

その中心には重大な信念がある。国家は国民に仕えるために存在するという信念だ。米国人は子どもたちのために素晴らしい学校を望んでいる。家族のため安全な環境を欲し、いい仕事を求めている。善良な市民のごく当たり前の要求だ。

しかし、あまりに多くの市民にとって、現実は異なっている。都市の市街地で母子が貧困にはまり込んでいる。さびついた工場群が墓石のように国内の至る所に散らばっている。教育システムに金がつぎ込まれても、若く優れた学生たちは知識を得ることができずにいる。犯罪、悪党、麻薬が多くの命を奪い、可能性の芽を摘んできた。こうした米国の惨状は今ここで終わる。

われわれは同じ国民だ。彼らの苦悩はわれわれの苦悩だ。彼らの夢はわれわれの夢だ。彼らの成功はわれわれの成功となる。われわれは一つの心、一つの故郷、そして一つの輝かしい運命を共にしている。今日の私の大統領就任宣誓は、全ての米国人に対する忠誠の誓いだ。

何十年もの間、われわれは米国の産業を犠牲にして、他国の産業を豊かにしてきた。米軍の嘆かわしい劣化を招いた一方で、他国の軍に資金援助してきた。自国の国境防衛をおろそかにする一方で、他国の国境はわれわれが守ってきた。そして海外で何兆ドルも金を費やしている間に、米国のインフラは荒廃し、朽ち果ててしまった。

われわれの富や強さ、自信が地平線のかなたへと消え去っていく間に、他国を豊かにしてきた。工場は次々と閉鎖され、残された何百万人もの米国人労働者を顧みることなく、国外へ移転していった。中間層の富が奪われ、世界中にばらまかれた。だがそれは過去のことだ。今、われわれは未来だけを見据えている。

今日ここに集まったわれわれは、全ての町、全ての外国政府、全ての権力機関に向かって、新たな決意を宣言する。今日から、新たな考え方でわが国を治める。今日からはひたすら「米国第一」だ。米国が第一だ。貿易、税金、移民、外交など全ての決定は、米国の労働者と家族の利益となるようになされる。物作り、企業、雇用を奪う外国から、われわれは国境を守らなければな

1章　トランプ革命の序曲 …… *25*

トランプの魅力は、決して屈服しない強固な喧嘩腰

　トランプは選挙戦中から、中露イランや欧州、日韓など、同盟国や非米反米諸国との関係をいろいろ表明してきたが、それらは就任演説にあまり盛り込まれていない。政治面の個別具体策としては「古くからの同盟を強化しつつ、新しい同盟を作る。過激なイスラムのテロリズムをこの世から根絶するために世界を団結させる」という一文のみだ。

　このトランプの「テロ戦争」は、おそらく9.11以来の米国のテロ戦争と全く似て非なるものだ。従来のテロ戦争は、米支配層の一部である軍産複合体が、アルカイダやISといったテロリストを裏でこっそり支援しつつ表向きの戦いをやる、軍産エスタブ支配の永続を狙った恒久戦争の戦略だった。トランプのテロ戦争は対照的に、軍産が敵視するがゆえに軍産の傀儡でないロシアなどと協力し、米政府内の軍産（国防総省やCIAなど）に裏のテロ支援をやめさせつつ、アルカイダやISを本気で全滅する計画だろう。トランプ革命（エスタブ潰し）には、テロリスト（テロの脅威）を使って軍産エスタブが米国を支配する9.11以来の構造を壊すことが必要だ。

　トランプは就任演説で「これまでわれわれは、自国の国境を守ることを拒否する一方で、諸外国の国境を守ってやること（愚策）を続けてきた」（We've defended other nations' borders while refusing to defend our own.）とも言っている。「米政府は従来、米墨国境を抜け穴だらけに放置し、メキシコから違法移民が大量流入して米国民の雇用を奪うことを黙認する一方で、日韓やイラクの駐留米軍やNATOなどによって、大して米国の国益にならないのに諸外国の国境や領海を守ってやってきた。こんな悪い政策はもうやめる」という意味だ。トランプは「貿易、税制、移民、外交に関するすべての決定は、米国の労働者と家族の利益になるものにする」とも言っている。いずれも、選挙戦中から彼が言ってきたことだ。

らない。

（貿易や雇用の）保護は、大いなる繁栄と強さをもたらす。私は全身全霊で、皆さんのために戦う。そして私は皆さんを決して失望させない。米国は再び勝利し始める。いまだかつてないほど勝利していく。

われわれの雇用を取り戻す。われわれの国境を取り戻す。われわれの富を取り戻す。そしてわれわれの夢を取り戻す。

われわれの素晴らしい国中に道路を、高速道路を、橋を、空港を、トンネルを、鉄道を造る。

国民に生活保護を受けてもらうのではなく、仕事に戻ってもらう。そしてわれわれの国を、米国人の手によって、米国人の労働力で再建する。

われわれは二つの簡潔な規則を守っていく。米国製品を買おう。米国人を雇おう。

われわれは世界の国々との友好、親善関係を求めていく。ただし、国益を最優先する権利が全ての国にあるという考えに基づき、実行していく。われわれの流儀を（他国に）押しつけたりはしない。むしろ模範として追随されるように、われわれを輝かせよう。

古くからの同盟を強化し、新たな同盟関係も築き、文明国をまとめ上げてイスラム過激派によるテロに対抗し、地球上から完全に根絶する。

われわれの政治の根底にあるのは、米国への完全な忠誠だ。そして国への忠誠心を通して、われわれは国民同士の忠誠心も再発見することになるだろう。もし、心を開いて愛国主義を受け入れれば、偏見が生まれる余地はない。

聖書にこう書かれている。「神の民が一つになって共に生きることは、なんと幸せで楽しいことか」。率直に自分の考えを語り、相違があれば正直に議論しなければならないが、常に結束を目指さねばならない。米国が団結すれば、誰にも止めることはできない。

恐れることはない。われわれは守られており、これからも常に守られる。軍、法執行機関がわれわれを守ってくれる。そして、何より重要なことに、われわれは神に守られている。

最後に。大きく考え、より大きな夢を見よう。米国では、努力してこそ国は生き延びるということをみんな知っている。口ばかりで行動しない政治家、不平ばかり言って自分では何もしない政治家はもう認めない。

無意味なおしゃべりの時間は終わりだ。これからは行動するときだ。できないというのはやめにしよう。米国の熱意、闘志、気概をもってすれば打ち勝てない困難などない。失敗することはない。米国は再び繁栄し、成功するのだ。

宇宙の謎を解き、地球上から病気の苦痛をなくし、未来のエネルギー、産業、技術を活用する新たな千年が始まったばかりだ。新たな国家威信がわれわれの魂を揺り動かし、視野を高め、分断を癒やしてくれるだろう。

われわれの戦士たちが決して忘れない、古くからの格言を今こそ思い出そう。肌が黒くても、白くても、褐色でも、愛国者が流すのは同じ赤い血だ。同じ輝かしい自由を享受し、同じ偉大な米国旗に敬礼するのだ。子どもたちはデトロイトの都市部で生まれようとも、ネブラスカの風吹きすさぶ平野で生まれようとも、同じ夜空を見上げ、同じ夢で心を満たし、同じ全能の創造主により命の息吹を吹き込まれる。

全ての米国民の皆さん。住んでいる町が近くても遠くても、小さくても大きくても、山々や海に囲まれていようとも、次の言葉を聞いてほしい。あなたたちが無視されることは金輪際ない。あなたたちの声、希望、夢が米国の運命を決めるのだ。あなたたちの勇気、優しさ、愛がわれわれを永遠に導くのだ。

みんなで米国を再び強くしよう。米国を再び豊かにしよう。米国を再び誇り高くしよう。米国を再び安全にしよう。そう、みんなで米国を再び偉大にしよう。

ありがとう。皆さんに神のご加護があらんことを。米国に神のご加護があらんことを。ありがとう。米国に神のご加護があらんことを。

覇権の放棄

　貿易政策で度肝を抜かれる一文は「保護（主義、Protection）は、大き
な繁栄と強さにつながる」というくだりだ。世界的に「極悪」とされて
きた保護主義をみごとに肯定している。「これまで何十年も、われわれは、
自国の産業を犠牲にして外国の産業を儲けさせてきた。自国の軍隊をすた
れるままにしつつ他国の軍隊に資金援助してきた。米国のインフラを整備
しない一方で外国に何兆ドルも支援してきた」とも言っている。

　これらもすべて選挙戦中からトランプが言っていたことだが、意味する
ところは「覇権の放棄」である。戦後の米国は、世界の単独覇権国として、
基軸通貨と基軸貯蓄ツールであるドルと米国債を世界に持ってもらうこと
で無限発行できる利得の見返りとして、自国の製造業をないがしろにしつ
つ世界から商品を旺盛に買い続け、世界の消費を底上げして世界経済の成
長を維持する役目を担ってきた。この経済覇権の構造が、同盟諸国の軍隊
を支援する軍事覇権の構造と合わせ、覇権国である米国が維持すべき義務
だった。米国の覇権的な義務を放棄することで、米国の産業や雇用を一時
的に再生しようとするのがトランプの経済戦略の要諦だ。

　覇権の利得で儲けてきた米国の支配層は、当然ながらトランプを敵視し
ている。もしくは、トランプは支配層の一員になったのだから、儲かる覇
権構造を意図して破壊・放棄したがるはずがないと考え、そのうちトラン
プは姿勢を転換するはずだと考えている。投資家の多くは、金儲けの視点
しかないので、トランプが姿勢転換すると予測している。日本政府も、ト
ランプの姿勢転換を予測して TPP に固執している。

　だが実際には、トランプが姿勢を変えることはない。多くの人々の直感
に反することであるが、米国の支配層の中には、ずっと前（第二次大戦で
英国が米国に覇権を譲渡した直後）から、自国の覇権を意図的に放棄して
多極型・分散型の覇権構造に転換しようとこっそり努力し続けてきた勢力
（隠れ多極主義者）がいる。キッシンジャーや CFR（外交問題評議会）つ
まりロックフェラーは、その一味だ。彼らは、自分たちの覇権運営の経験
から、覇権が多極分散型に転換した方が、世界は政治的、経済的に安定す
る（大戦争やバブル膨張・崩壊がしにくい）と考えている。トランプは隠

れ多極主義者だ。トランプは昔からでなく、大統領に立候補するに際して
隠れ他極主義者になった。おそらく、隠れ多極主義者たちの方からトラン
プに立候補を持ちかけた。トランプが姿勢を変えることはない。

トランプの最大の目標

　多極主義者たちが感じたトランプの魅力は「決して屈服しない喧嘩腰」
だろう。オバマもCFR（外交問題評議会）に評価されて大統領になった
が、オバマは沈着冷静で喧嘩しない。とりあえず軍産エスタブの覇権勢力
の言いなりになり、その上で微妙な転換や歪曲策をやる。たとえばオバマ
は、シリアに濡れ衣戦争を仕掛けて途中でやめて意図的に混乱を招き、仕
方がないといってロシアに軍事介入を頼み、シリアなど中東の支配権をロ
シアに移譲していくという、回りくどいことをやった。オバマの下ごしら
えのおかげで、今やロシアや中国は、米国が捨てる覇権の一部を拾って自
分のものにしてもいいと考えている（この数十年の世界において、覇権は
奪い合うものでなく押し付けあうものだ）。

　ビル・クリントンは、覇権を軍事主導から経済主導に変えた。次のブッ
シュ政権は9.11とともに覇権を軍事側に戻したが、イラクで過激に（故
意に）大失敗し、リーマン危機の対策（QE＝中央銀行の量的緩和策＝ド
ルパワーの浪費）を含め、覇権を盛大に無駄遣いした。オバマもシリア
やリビアやQEで覇権の浪費を続け、いまや米国の覇権は経済外交の両面
で崩壊感が強い。ここで新大統領として、米中枢の覇権勢力（軍産エスタ
ブ）に喧嘩を売り、覇権戦略の一方的な放棄、もしくは覇権運営どころで
ない米国内の内戦・内乱状態を作る無茶苦茶野郎が出てくれば、米国が放
棄した覇権を、中露などBRICSやドイツ（いずれきたる再生EU）、イラ
ン、トルコなどが分割するかたちで継承し、自然と多極化が進む。

　トランプは、こうした隠れ多極主義者のシナリオを引き受けることにし
て、大統領選に出馬して勝った、というのが私の見立てだ。トランプは、
米国を主権在民に戻すと言っているが、それが最大の目標でない。最大の
目標は、米国民を政治運動に駆り立て、米単独覇権を運営する軍産エスタ
ブ、政界やマスコミの支配構造をぶち壊すことだ。近代資本主義の前提と

1章　トランプ革命の序曲 …… *29*

なる国民国家体制を作るためにフランス革命があったように、きたるべき時代の世界の基盤となる多極分散型の覇権体制を作るためにトランプ革命がある。

トランプが就任して米国の新たな混乱が始まったとたん、中国政府は「米国の事態は、欧米型の民主主義の限界を示している。中国の社会主義の方が安定している」と豪語し、落ち目な米欧に代わって中国が世界に影響力を行使するという言説を発し始めている。ドイツの左派指導者（当時外相、現大統領）のシュタインマイヤーは「トランプの出現は、20 世紀の古い世界秩序の終わりと、厄介な新たな事態の始まりを示している」と指摘している。

CIA を脅して味方につけ、マスコミを潰しにかかる

戦後、覇権を牛耳る軍産支配を壊そうとした大統領はみんなひどい目にあっている。若気のいたりで冷戦を終わらせようとしたケネディは暗殺された。中国和解やドル潰しをやったニクソンは弾劾された。トランプも、殺されたり弾劾されたりするかもしれない。しかし、軍産支配を壊そうとする黒幕の CFR（外交問題評議会）なども、この間、知恵をつけてきている。黒幕に守られ、トランプは意外としぶといだろう。

トランプの目的は、米国の既存の支配層を潰して自分が独裁支配することでない。米国の支配層を潰し、その果実を BRICS など他の諸大国が分散して受け取る新たな世界体制を作ることだ。トランプは、勝たなくても目的を達せられる。ただ喧嘩して壊すだけでいい。代わりの政体を作る必要がない。次の世界システムは、米国の覇権のしかばねの上に自然に生えてくる。

大統領就任後、トランプの喧嘩の矛先はまずマスコミに向いている。就任式に集まった人々の数をマスコミが過小に報じたかどうかをめぐり、さっそく大統領府とマスコミが相互批判した。トランプ陣営は、マスコミと折り合っていく常識的な道筋をとっていない。

私はマスコミと戦争している——

　トランプは就任の翌日、CIA本部を訪れて職員を前に演説し、テレビ中継された。演説でトランプは、マスコミを「世界でもっともウソつきな人々」と非難しつつ「私はマスコミと戦争している。マスコミは、私が諜報界と喧嘩しているかのように報じているが、そんなことはない。私は就任後、真っ先にここに来た。私はみなさんを1000％支持する。マスコミは私を酷評するが、多くの人々が私の就任演説を支持してくれている。みなさんも支持してくれるよね」と述べた。

　私から見ると、この演説が意味するところは、トランプがCIAに向かって「マスコミとの戦争で俺を支持しろ。これまでのように俺を不利にすることをマスコミにリークするのをやめて、逆にマスコミを不利にすることを俺に教えろ。トランプ革命に協力しろ。そうすればお前らを優遇してやる。従来のように、俺を潰そうとするマスコミを支援し続けるなら、俺は逆にお前たちを潰すぞ」という二者択一を、テレビの前で迫ったことだ。

　トランプはこの演説でもう一つ「われわれはISISを倒すしかない。他に選択肢はない」とCIAに通告している。CIAは軍産複合体の一部として、イラクやシリアなどでISISをこっそり支援してきた。それはトルコ政府も指摘する「事実」だ。トランプはCIAに行って「もうISISを支援するな。そうすればCIAを厚遇する。（逆に、こっそりISISを支援し続けるなら、お前たちもマスコミ同様、俺の敵だ）」と啖呵を切り、それをテレビで米国民にも知らせた。

　これまでの、独自の諜報網がない米大統領なら、CIAは、大統領に知られないようにこっそりISISを支援し続けられたかもしれない。だがトランプにはプーチンのロシアがついている。露軍はシリアに駐留し、トルコやイランの当局とも通じているので、CIAなど米国勢がISISをこっそり支援し続けていたら、すぐ察知してトランプに通報する。トランプが就任前からプーチンと仲良くしてきたのは、米露関係自体のためだけでなく、米国内の軍産エスタブ潰しのためともいえる。

　米諜報界では、オバマ政権のCIA長官だったジョン・ブレナンが、現役時代から、トランプへの激しい敵視を続けている。ブレナンのトランプ

敵視は、オバマや米民主党、リベラル派、軍産エスタブのトランプ敵視とつながっている。CIA など米諜報界は今後、親トランプ派と反トランプに分裂する傾向を強めるだろう。国防総省とその傘下の業界も、軍事費の急増を約束しているトランプになびく勢力と、旧来のトランプ敵視を維持する勢力に分裂・内紛しつつある。軍産内部を分裂させるのがトランプ陣営の作戦と感じられる。この分裂にオバマも一役買っている。

軍産に取りつかれたマスコミやリベラルとトランプの長い対立になる

トランプは、大統領就任後もツイッターの書き込みをさかんに続け、マスコミを迂回する情報発信をしている。トランプのツイートを、ルーズベルトの炉辺談話になぞらえて評価する向きもある。ルーズベルトが大統領だった 1930 年代は、ラジオが新たなマスコミとして登場し、それまでの新聞のメディア独占を壊し始めた時期だ。ルーズベルトは民主党だったが、当時の新聞の多くは共和党寄りだった（今と逆）。新聞の歪曲報道を無力化するため、ルーズベルトはラジオで直接国民に語りかける新手法を炉辺談話として開始し、マスコミの謀略を迂回して人気を維持した。トランプのツイッターも、これと同じというわけだ。

トランプ政権は、大統領府（ホワイトハウス）の大統領執務室の近くにあった 50 人収容の記者会見室を撤去し、代わりにとなりの建物に 400 人収容の記者会見場を設ける計画を進めている。従来の、大手マスコミだけが大統領の近くにいられる記者クラブ的な癒着状況を廃止し、大手以外のオルトメディアなども入れる大きな会見場を作る。

トランプは、マスコミの特権を剥奪する一方で、イラク大量破壊兵器に象徴される軍産プロパガンダを「事実」として報じてきたマスコミへの敵視を続けている。米国民のマスコミへの信頼は低下し続けている。共和党系の FOX など一部のマスコミは、トランプ擁護の姿勢に転じている。米国のメディア機能はすっかりインターネットが中心になり、ネット上ではマスコミもオルトメディアも個人ブログも大差ない。トランプの喧嘩腰は、軍産の一部であるマスコミを弱め、軍産と関係ないオルトメディアを強める。

リベラル派を敵に回す

　マスコミや軍産と並んでトランプを敵視するもうひとつの勢力は、民主党系の市民運動などのリベラル派だ。この戦いは、大統領選挙のクリントン対トランプの構造の延長として存在し、トランプの大統領就任とともに、リベラル派の方から仕掛けられている。負けたクリントン、大統領を終えたオバマ、世界的に民主化を口実とした政権転覆を手がけてきたジョージ・ソロスなどが、指導ないし黒幕的な面々だ。ソロスは17年1月、ダボス会議での公式演説で、トランプを倒すと宣戦布告している。

　草の根の右からのポピュリズムを動員して軍産エスタブを潰しにかかるトランプに対抗し、軍産エスタブの側は、左（リベラル）の市民運動を動員している。もともと軍産は冷戦時代から、強制民主化、人権侵害の独裁政権の軍事転覆など、民主主義や人権擁護といったリベラルな理想主義を口実として戦争することを得意としてきた。イラク戦争を起こした共和党のネオコンは、民主党のリベラルから転じた勢力だ。リベラル派のお人好し（＝人道重視）の理想主義が軍産に悪用されてきたが、今回また何十万人ものリベラル派が、トランプとの戦いに、軍産の傀儡にされていることも気づかずに結集し「トランプを強姦罪で弾劾しよう」と叫んでいる。トランプに反対するワシントンでの女性らの「自発的」な50万人集会を率いた人々のうち56人がソロスとつながりのある人だった。

　女性や有色人種、貧困層、都会の知識人を束ねているリベラルの運動を敵に回すのは、トランプにとってマイナスとも考えられる。だがリベラルと仲良くすると、軍産エスタブがリベラルのふりを展開してきた強制民主化・独裁転覆の戦争や、人権を口実にした格安労働者の導入である違法移民放置策、覇権とカネ儲けの策である地球温暖化対策などを否定しにくくなる。喧嘩好きのトランプは、リベラル全体を敵に回す荒っぽい策をとることで、むしろリベラルが不用意に軍産の傀儡になってしまっていることを浮き彫りにしている。

　トランプと、リベラル派やマスコミ、諜報界、軍産エスタブとの戦いは、まだ始まったばかりだ。今後、延々と続く。すでに述べたように、この長い戦いは、トランプ陣営が好んで始めた計算づくのことだろう。対立が続

くほど、トランプ側の草の根からの支持者の動きも活発になる。これぞ米国の民主主義のダイナミズムだ。誰もトランプ革命について語らず、自国のひどい官僚独裁政治にすらほとんど誰も気づいていない浅薄な日本から見ると、米国はラディカルで強烈ですごいと改めて思う。

2 トランプの「文化大革命」

　私が注目する米国の分析者ゲレス・ポーターが「トランプは、文化大革命の時の毛沢東のようだ」と書いている。「トランプのツイッターは、毛沢東の壁新聞と同じだ。司令部を砲撃せよと書いた壁新聞を貼り出して文化大革命を引き起こした毛沢東は、米政府のエリート支配を潰せと大統領就任演説で呼びかけたトランプと同じだ」と。そのとおりだと思った。

　中国共産党の毛沢東は、国民党との内戦に勝って権力を握ったが、その後の経済運営で失敗し、市場経済をある程度肯定する側近たち（鄧小平ら）によって外されかけた。それを挽回し、中国を不断の革命に引き戻すために毛沢東は、国営マスコミを迂回して人々を決起させる壁新聞（大字報）を貼り出し「資本主義に傾注する党本部を攻撃する政治運動を起こせ」「政府に反逆せよ」と呼びかけ、中国の伝統文化を破壊する文化大革命を起こしたが、大惨事になって失敗した。

　毛沢東はプロの生涯革命家（政治家）だ。文化大革命の前に中国革命を主導し、今に続く共産党政権（という名の王朝）を樹立した。文革は、晩年の毛沢東の老害的な「あやまち」だ。対照的に、トランプは政治家の経歴が皆無で、昨年の選挙で道場破り的に権力に殴りこみをかけて奪取し、大統領になる初日の就任演説で「司令部を砲撃せよ」という趣旨の言葉を放った。毛沢東は、自分が作った共産党の政府を文革でぶち壊したが、トランプは自分と全く関係なく70年前から存在してきた軍産支配の米国の単独覇権政府をぶち壊すために大統領になった。2人の経緯はかなり違う。類似点は、自分が持っている権威・権力を利用して、自分がいる政府の破

壊を、政府（中国は共産党、米国は軍産）支配下のマスコミを迂回する宣伝ツールを使って人々に呼びかけた点だ。

壁新聞にかわるツイッター

　トランプが使い続けているツイッターは、もともとイランなど中東の独裁政権を倒す民主化運動（市民革命、中東の春）の道具として、米イスラエル諜報機関の肝いりで作られたと言われる。それが今や米国の軍産独裁政権を倒すトランプ革命の道具になっているのが皮肉（諜報用語でブローバック）だ。もうひとつ、毛沢東が死んで文革が終わった後、中国は「資本主義傾注者（走資派）」の鄧小平によって自由貿易を信奉する国になり、今やトランプによって米国が放棄した自由貿易の世界的主導役（経済覇権）を、中国が引き受ける展開になっているのもブローバックだ。その意味で、毛沢東とトランプは「革命の同志」である（ふたりは「奔放さ」や「女好き」な点でも同志だ）。

　中国政府は、国内のマスコミが、トランプの就任式を実況中継したり、自由に取材して番組や記事を流すことを禁じた。新華社が作った記事や映像を流すことしか許さなかった。この理由は明白だ。「司令部を砲撃せよ」という毛沢東の文革発動を想起させるトランプの革命的な大統領就任演説が同時通訳つきで中国に実況中継されたら、文革を覚えている中国の紅衛兵世代はピンときてしまう。中国で習近平の独裁強化を嫌う人々は、毛沢東懐古趣味に仮託して抵抗運動をやってきた。当選前から、トランプの奔放な革命姿勢は、中国人にとって気になる存在だった。革命したことのない日本人は気づかないが、トランプの就任演説は危険文書だ。習近平に恐怖や敵愾心を感じさせている点でも、毛沢東とトランプは同志だ。

毛沢東は中国を壊し、トランプは米国を壊す

　毛沢東の文革は、中国を経済的、政治的、社会的に破壊し、後進国にした。トランプの革命も、米国を経済的、政治的（覇権的）、社会的に破壊する可能性がかなりある。ブッシュとオバマ時代の16年間の米国は、軍

産複合体（軍、諜報機関、マスコミ、政界などの連合体）がアルカイダや ISIS といったイスラム的なテロ組織と戦うふりをして実はテロ組織を涵養支援し続け、米国がテロ戦争の名目で恒久的に中東など世界に軍事駐留し、気に入らない政権を武力や政治介入（民主化運動の扇動）で転覆してますますテロを増やし、米国内的にも軍産複合体がテロ戦争の名目で権力を握り続ける軍産独裁の体制を敷いてきた。トランプ革命の前向きな点は、こうした米国の軍産支配を破壊しようとしていることだ。だがその際に、米国の政治経済の体制や、米国中心の国際体制（覇権体制）ごと破壊されてしまうことがあり得る。それは、米国と世界の経済危機や政治混乱につながる。

　トランプ革命が成功すると、世界を軍事的に不安定化させて支配し続けようとする軍産複合体がいなくなるので、世界は今よりかなり安定する（革命中は暗闘で逆に激動する）。米国が単独覇権国であり続けると、いったんテロ戦争の構図を潰しても、またその後何らかの形で軍産支配が復活しかねないので、トランプは米国の単独覇権構造を破壊すると同時に、覇権を中国やロシアなどに分散移譲（押し付け）して、世界の覇権構造を恒久的に多極型に転換しようとしている。

軍事に対する「目くらまし」

　トランプは、政権の上層部に何人も軍人を入れており、それだけ見ると軍産支配を壊す人に見えない。だが、トランプは、ロシアと協調してやると言っているシリアでのテロ退治の詳細を、国防総省に全く伝えていない。軍産系とおぼしきマティス国防長官に、トランプがどれだけ権限をわたしているか大きな疑問だ。トランプはマティスを、軍産に対する「目くらまし」として国防長官に据えた可能性がある。マティスがすぐに日韓を訪問したからといって、トランプが日韓との同盟関係を大事にしているとは言い切れない。トランプが軍事費の急拡大をうたっているのも軍産敵視と矛盾する。だがこれも、軍産の傀儡議員ばかりである議会の共和党がトランプに反旗を翻さないようにするための短期的な贈賄行為に見える。

　トランプは、軍事費を増やすと宣言する一方で、共和党（ブッシュドク

トリン）的な軍事による強制民主化（政権転覆）も、オバマ政権時代にエジプトやウクライナで行われた民主化運動の扇動による政権転覆もやらない、自国にとって明確な脅威がない限り、外国に対するあらゆる形の介入をしないと、17年1月末に英国のメイ首相が訪米した時に宣言している。外国に軍事介入しないなら、そんなに軍事費は要らない。

　トランプは「どんどん軍艦を建造してやるからな」と海軍に言っているが、海軍は「そんなに要りません。それより当座の修理費や修理設備が足りません」と返答している。トランプの軍事費増加の宣言は頓珍漢であり、きちんと履行されるかどうかわからない。米議会は最近、超党派で、無駄な米軍基地を縮小する検討を再開すると言い出している。米軍が拡大縮小どちらの方向なのか不透明だ。

　トランプは「エリート支配を壊す」と言いながら、エリートの象徴であるゴールドマンサックス出身のムニューチンを財務長官にしている。閣僚に大金持ちが多い。トランプは、金融バブルの膨張を抑止するドッド・フランク条項を大幅縮小するともいっている。いずれも大金持ち優遇策だ。だがこれらも、当座の金融バブルの崩壊を先送りして政権維持や再選を狙う現実策の可能性がある。トランプの経済政策は、経済ナショナリズムに名を借りた「覇権放棄」で、長期的に、軍産金融のエリート層が米国の覇権を使って金儲けや世界支配を続けてきた体制を壊す。それを実現する前に、金融危機が再燃したり、共和党が反トランプで固まってしまわないよう、目先の軍拡や金融バブル維持をやっている感じだ。

　これらの延長線上の展開として、トランプは2017年2月28日の初の議会演説において、防衛費の増加に上限を設けていたオバマ政権の政策（sequestration）を撤廃し、防衛費を急増させると表明した。オバマ前政権は、米国の防衛費を削るために予算に上限を設けたが、軍産は防衛費以外の名目で実質的な軍事費を増やすなど、抜け穴を次々と作り、実際の軍事費は増加し続けてきた。トランプは、抜け穴だらけで実効性が以前からなかった防衛費上限制度を廃止することで、議会共和党など軍産勢力を垂らしこもうとしている。トランプは同様に、オバマが定めたものの金融界によって抜け穴だらけにされて実効性がなくなっている金融規制のドッ

ド・フランク条項も、議会垂らしこみのために廃止しようとしている。

無意識に軍産の傀儡にされるリベラル派

　毛沢東の文化大革命が、中国の伝統文化を破壊したように、トランプの革命には、米国の伝統文化であるリベラルな社会風土を破壊しようとしている観がある。大統領選挙で、民主党のクリントン陣営がリベラル主義に立脚し、イスラム教徒やメキシコ系など移民への寛容さ、リベラルなマスコミへの支持、西欧など「リベラル自由主義体制」の同盟諸国やNATOとの関係維持、ロシアなど権威主義諸国への敵視維持を掲げたのと対照的に、トランプは、反リベラル的な、イスラム教徒移民＝テロリスト予備軍、メキシコ系移民＝米国民の雇用を奪う人々、リベラルマスコミ敵視、同盟諸国＝防衛にカネを出さない奴ら、ロシア＝テロ戦争での味方、自由貿易＝国益毀損、反リベラルな欧州極右への隠然支持などの姿勢をとっていた。

　こうしたトランプの反リベラル姿勢は選挙終了とともに終わると思いきや、大統領就任後も全く変わらず、トランプはむしろ全速力で反リベラル政策を進めている。マスコミとの対決も続き、トランプはマスコミ迂回ツールであるツイッターでの発信をやめていない。トランプがリベラル敵視を続けるのは、リベラル派が中東民主化（政権転覆）や環境保護（米国内のエネルギー開発を禁止させ、米国が中東などの石油ガスに頼らざるを得ないようにして、米軍の世界支配を正当化する）などの点で、軍産複合体の無意識の傀儡になってしまっているからだろう。

　17年1月27日には、トランプ政権が、シリア、イラン、イラク、イエメン、リビア、スーダン、ソマリアという中東イスラム世界の7カ国からの移民難民の米国への渡航を暫定的に禁じる大統領令を出し、米国の空港などが混乱した。米国のリベラル運動家が人権擁護、難民保護の観点からトランプを非難する政治運動を強めた。

　7カ国にテロリストが多いのは事実だ。もともと7カ国を列挙したのはオバマ政権だった。冷戦末期から、米軍やCIAがイスラム世界から観光客や移民のふりをして渡米したテロリストに軍事や諜報の訓練をほどこし

て本国に返す形で「テロ支援」していたのも事実だ。トランプのやり方は性急すぎると報じられているが、この政策はトランプが選挙前から言っていたことでもある。米国の権威ある世論調査の一つであるキニピアック大学の調査によると、トランプの7カ国民に対する暫定入国禁止令に対し、米国民の米国民の48％が賛成し、42％が反対している。マスコミは、米国民の大多数が反対しているかのような印象を報じているが、実のところ賛成論の方が多い。

　思い返すと、こうした傾向や現象は、選挙戦の時から変わっていない。トランプが、テロ対策としてイスラム世界からの移民を規制せよとか、メキシコから出稼ぎにくる違法移民が米国民の雇用を奪っているので取り締まれと主張するたびに、マスコミやクリントン支持者が差別だと非難し、トランプの劣勢が加速したと報じられたが、実のところトランプを支持は減らず、リベラルかつ軍産傀儡のマスコミが歪曲報道しているだけだった。

　トランプは、リベラル派の怒りを意図的に扇動している感じがある。リベラル派が怒るほど、非・反リベラルな人々がトランプを支持する傾向になり、国論が分裂するほどトランプが有利になる。今はまだ、騒いでいる人々に反トランプなリベラル派が多く、トランプ支持の右派はあまり街頭行動などをしていないが、これはトランプが権力を握って今のところ優勢だからだろう。今後、軍産マスコミやリベラル派との対立でトランプが劣勢になると、草の根右派がトランプ支持の街頭行動を強めると考えられる。

　移民に寛容な国策は、長らく米国の基盤だった。移民がもたらす才能が、米国の発展の原動力の一つだった。それを考えると、トランプの移民制限は、米国の覇権力を低下させる策とも考えられる。トランプは、最終的に米国が経済政治的に破綻して覇権力が低下することを容認（誘導）しているふしもある。ブッシュ政権も、イラク侵攻で米国の覇権力をなかば意図的に低下させており、この傾向は近年の共和党政権に一貫している。

矢継ぎ早の大統領令

　トランプは、就任からわずかしか経っていないのに、前代未聞な大統領令を毎日発している。その多くは覇権放棄的な策か、覇権放棄策を自分の

与党の共和党の議員たちに飲ませるための賄賂的な策だ（軍事費増、金融や環境の規制撤廃など）。共和党を賄賂策で抱き込んでいるので、トランプはかなり強い。

　軍産側が反撃してくる前に、できるだけ多くの覇権破壊的な大統領令を矢継ぎ早に出してしまおうと、トランプは全力で急いでいる。大統領令の多くは、国務省や国防総省、司法省など現業官庁に相談せずに発令されている。トランプの大統領令は、実体的な政策というよりも、就任演説の延長にある「大統領宣言」だ。具体策を欠いているが、世界に対し、米国が覇権を放棄するのなら対策をとらざるを得ないと思わせる効果がある。日本のように対米従属しか策がない国は、トランプが引き起こす嵐が去るのを待つしかないが、自立的な国家戦略を持ちうる国（欧州、BRICSなど）や、米国以外の頼る大国がある国（中国依存の選択肢がある東南アジア、ロシアに頼る選択肢がある中東諸国など）は、トランプが覇権放棄の宣言を繰り返すほど、米国から離れていく。トランプが覇権放棄の大統領令を出すほど、世界は多極化していく。

　覇権放棄策を大急ぎで連発するトランプをなんとか無力化しようと、軍産複合体の側は、トランプを不利にする報道を展開したり、傀儡と化したリベラル派の大衆運動に反トランプの街頭行動を激化させたりしている。トランプ敵視の政治運動の黒幕である大金持ちのジョージソロスらは、米国で政権転覆のカラー革命を起こそうとしている。エジプトやリビアやウクライナの政権を転覆した、米民主党（ネオリベラル）系の扇動策を、米国でもやろうとしている。

3　世界と日本を変えるトランプ

　トランプ当選につながる米大統領の選挙戦が始まって間もない2016年3月26日、米国のニューヨークタイムスが、トランプのインタビュー記事を掲載した。その中でトランプは、日本や韓国に駐留する米軍について

「米国は弱体化が進んでおり、日韓政府が駐留米軍の居住費や食費などの費用負担を大幅に増やさない限り、駐留をやめて出ていかざるを得なくなる」「日韓が（負担増を認めず米軍を撤退させる道を選ぶなら）日韓が米国の核の傘の下から出て、自前の核兵器を持つことを認めてもよい」「日米安保条約は、米国が日本を守る義務があるのに、日本が米国を守る義務がない片務性があり、不公平なので、再交渉して改定したい」という趣旨の発言をした。日本も韓国も国家戦略の基本が対米従属で、その象徴が駐留米軍だ。有力候補であるトランプの発言は、日韓両国の国家戦略を根幹からくつがえす内容だった。

　日韓両国とも最大の希望は、米軍の恒久駐留と永遠の対米従属であり、対米自立を意味する核武装など望んでいない。韓国の場合、北朝鮮が核兵器を廃棄し、見返りに米朝と南北が和解し、朝鮮戦争を60年ぶりに終結させて在韓米軍が撤退する6カ国協議の長期的なシナリオがある。米国は、6カ国協議の主導役を03年の開始以来、一貫して中国に押し付けており、いずれシナリオが成就するとき、韓国と北朝鮮は両方とも中国の影響圏に入る。これまで韓国を傘下に入れてきた米国が韓国に核武装を許しても、韓国の新たな宗主国である中国は、韓国に核武装を許さない。だから韓国は核武装できない。

対米従属と核武装は両立できない

　日本の方は、戦後一貫して、対米従属以外の国家戦略が何もない。被爆国として、核兵器保有に対する国内の反対も強い。左翼は戦争反対＝核反対で、右翼は対米従属希望＝核反対だ。ごく少数の（もしくはすでに存在しない）反米右翼以外、日本の核武装を望んでいない。日本人の多くが勘違いしているが、対米従属と核武装は両立できない。日本が核武装したら、米国は出て行く。対米従属を続けられる限り、日本は核武装しない。逆に、在日米軍が完全に撤退し、日米安保条約が空文化もしくは米国に（事実上）破棄され、対米従属できなくなると、日本は核武装する可能性が高い。

　トランプは「核武装容認」より先に「駐留米軍の居住費や食費などの費用負担を大幅に増やせ」つまり日本政府に「思いやり予算」の大幅増額を

1章　トランプ革命の序曲 …… *41*

要求している。米国は冷戦終結の前後から、日本に思いやり予算を増額させ続けている。米国は韓国にも、駐留米軍の住宅を大増設させてきた。トランプは日韓について「自国の防衛にかかる負担を米国に背負わせる一方、同盟国であることを良いことに非関税で工業製品を米国にどんどん輸出して大儲けしてきたタダ乗りの国」と前から批判してきた。それだけを見ると「要するにトランプも、これまでの米政府と同様のたかり屋だ」「核兵器うんぬんは大騒ぎのための飾りだ」という話になる。トランプは日本にとって新たな「脅威」にならないと楽観できないこともない。

「NATO 廃止」を主張

だが、同じ NY タイムスの記事に出た、日韓以外の世界に対するトランプの戦略表明を見ると、これまでの米政府とかなり違うことが見えてくる。最も重要な点は「NATO 廃止」を主張していることだ。彼は「ロシアはソ連よりずっと規模が小さいのに、冷戦後、米国は時代遅れの NATO を拡大し続け、巨額の予算を投入してきた」「ウクライナは米国から遠い問題なのに、ロシア敵視の NATO に拘泥する米国はウクライナに首を突っ込んでいる。馬鹿だ」「NATO を再編しテロ対策の国際組織に変えるべきだ」という趣旨を述べている。

トランプはサウジアラビアに対しても、日韓についてと同様のタダ乗り批判を展開し「サウジなどアラブの同盟諸国が、ISIS と戦う地上軍を派兵するか、ISIS と戦う米軍の費用を負担しない限り、彼らから石油を買うのをやめる」と言っている。もともと ISIS を育てたのは米軍（軍産複合体）だが、サウジは軍産のやらせ的なテロ戦争に便乗することで米国との同盟関係を維持してきた。韓国が、北朝鮮を挑発して敵対構造を恒久化する軍産の策略に便乗して米韓同盟を強化し、日本が、南シナ海問題で中国を挑発する軍産の策略に便乗して日米同盟を強化してきたのと同じだ。軍産によるロシア敵視を使った欧州支配の道具である NATO の廃止と合わせ、トランプの戦略は、軍産複合体を無力化し潰そうとする策になっている。

軍産の無力化

　トランプは、米国の内政問題として軍産複合体を叩くのでなく（ケネディ以来、何人もの米大統領がそれをやって失敗している）軍産にぶらさがる同盟諸国に厳しい条件を突きつけ、同盟諸国と軍産との関係を切るやり方で、軍産を無力化していこうとしている（彼は、米政界を牛耳るイスラエルに対してだけは、軍産からの反撃を減らすため、好きなように米国を牛耳って良いという姿勢をとっている）。日本ではトランプ当選前、外務省筋が「日本に関するトランプの発言は人気取りの思いつきだ」といった「解説」を流布していたが、これは間違っている（日本外務省が本気でそう考えているなら間抜けだ。この解説は目くらましで、外務省は対米従属を維持できなくなりそうなので困っていたはずだ）。トランプは、大統領になって軍産による国際政治と米国政治に対する支配を壊す戦略を表明していたのであって、日本に対する要求はその一環だった。

　トランプは、米国の金融がひどいバブル状態になっていると知っており、いずれ巨大なバブルが崩壊し、米国の覇権が弱体化していくと言っている。トランプは米国の弱体化を見据えて、米国は世界中に軍事展開し続けることができなくなるとか、日韓がもっと金を出さないと米軍が駐留し続けられなくなると言っている。彼は「孤立主義」と呼ばれることを拒否して「米国第一主義」を自称し、米国の余力が減る中で、世界中に軍事駐留し続けることは米国の利益にならないと言って、日韓や中東や欧州からの撤退を呼びかけているのだ。

対露・対中国政策

　米国が覇権衰退するほど、世界の覇権構造は多極化していくが、そこで重要になるのが中国とロシアだ。トランプは、プーチン大統領を以前から評価しており、大統領就任後、ロシアを敵視してきた軍産の策をやめて、対露協調や、ロシアによる自由な国際戦略の展開を可能にしてやる米国勢の撤退、同盟国外し（サウジを露イランの側に押しやることなど）などをやろうとしている。ただ、トランプの対露和解は、米政界中枢に陣取り続ける軍産複合体勢力の妨害を受け続け、延期や棚上げを余儀なくされてい

1章　トランプ革命の序曲 …… *43*

る。

　対露政策がわかりやすいのと対照的に、トランプは、中国に対する政策を意図的に曖昧にしている。彼自身「戦略を敵に悟られないようにするのが良い戦略（孫子の兵法）だ」と言っている。この場合の「敵」は中国であると思われがちだが、実は逆で、軍産が敵かもしれない。トランプは、中国が南シナ海での軍事拡大を続けるなら、中国の対米輸出品に高い関税をかけて制裁すると言っている。しかし、高関税策は必ず中国からの報復や、国際機関への提訴を招き、現実的でない。中国政府は南シナ海を自国の領海であると言い続けており、米国に制裁されても軍事化を止めない。

　AIIB（アジアインフラ投資銀行）に象徴されるように、中国は経済面に限定して世界的な影響力（覇権）を強めている。軍事力では米国が中国より断然強いが、金融技能以外の経済の影響力（経済覇権）の分野では、中国が米国より強くなりつつある（米国や欧日の金融技能は中央銀行のQEで崩壊しかけている）。中国に対し、経済面に集中して強硬策をとるトランプの策は有効でない。

　トランプは就任後も中国を敵視する感じを続けているが、今後、経済面の中国敵視が有効でないと露呈したあと「現実策」と称する協調策に急転換する可能性がある。トランプが米国の覇権衰退と世界からの撤退傾向を見据えている以上、彼は覇権の多極化を容認しているはずで、中国とは敵対でなく協調したいはずだ。在韓米軍を撤退したいなら、北朝鮮の核問題に関する6カ国協議の主導役である中国の協力が不可欠なので、その意味でもトランプは対中協調に動く必要がある。

トランプとオバマの類似性

　トランプが、対ロシア政策が明確なのに中国に対してあいまいなのは、ロシアに対する政策をすでにオバマ政権がシリアなどでかなり進めており、メドがついている一方、中国や日韓に対してオバマは手つかずのままなので、トランプがやる必要があるからと考えられる。オバマとトランプの世界戦略は、意外なことに、よく似ている。アトランティック誌が16年3月に出したオバマに関する記事「オバマ・ドクトリン」と、同時期にNY

タイムスがトランプをインタビューして書いた記事を読み比べると、それがわかる。両者とも、米国が軍事で国際問題を解決するのはもう無理だと考え、米国に軍事的解決を求めてすり寄ってくるサウジなど同盟諸国にうんざりし、好戦策ばかり主張する外交専門家（＝軍産の要員たち）を嫌っている反面、プーチンのロシアを高く評価している。

　オバマは「オバマ・ドクトリン」の中で、国務長官だったクリントンの好戦策を何度も批判している。クリントンのせいでリビアが無茶苦茶になったと言っている。大統領選でオバマは、表向き自分の党のクリントンを支持していたが、これを読むと、オバマは本心でクリントンを軽蔑しており、後継者として真に期待していたのはトランプでないかと思えてくる。オバマは、世界的な米覇権の退却と多極化の流れのうち、中東とロシアの部分だけぐんぐん進めた。世界の残りの、欧州とロシアのNATOの部分、それから中国と日韓朝などアジアの部分、それから多極化後を見据えた西半球（南北米州）の再協調などについては、トランプが次期大統領になって継承して進めると考えると、スムーズなシナリオとして読み解ける（西半球についてオバマは今回キューバを訪問し、転換の端緒だけ作った）。

　オバマとトランプは、個人的に親しいわけでない。政党的にもライバルだ。それなのにオバマとトランプの政策が一致し、連続できるのは「背後にいる勢力」が同じだからだろう。そうした背後の勢力を象徴するのは、米国の外交政策立案の奥の院で、戦時中から多極化を（往々にして軍産に隠れて）推進してきたロックフェラー系のCFR（外交問題評議会）だ。オバマは、上院議員になる前からCFRに評価されていた（CFRは共和党系でオバマは民主党だが、それは重要でないようだ）。かつてキッシンジャーの多極化戦略もCFRで考案された。

　オバマやキッシンジャーとトランプの政策の類似性から考えて、トランプの政策もCFR仕込みだろう。CFRの会長であるリチャード・ハースはトランプの顧問団の一人だ。トランプは、報じられているような米政界内の一匹狼でなく、CFRという強力な後ろ盾がある。CFR内からトランプ非難も出ているが目くらましだろう。CFRと草の根の民意という、上と下から支持を得ているトランプは、軍産が押すクルズやクリントンより優

1章　トランプ革命の序曲 …… 45

勢だ。だからトランプが大統領に当選したといえる。

日本に対するスタンス

　世界を俯瞰したうえで日本について見ると、日本をめぐる事態が国内で語られているのとかなり違うことに気づける。トランプ政権はいずれ、日本に思いやり予算の大幅増額を求める可能性が強い。日本は財政難なので、要求の一部しか応えられない。次善の解決としてありそうなのが、日本が予算を出した分だけの米軍が駐留し、残りは日本から撤退するシナリオだ。普天間の海兵隊が辺野古に移らず、米本土とハワイとグアムに分散撤退し、辺野古の基地建設はこのまま止まり、嘉手納の空軍や横須賀の海軍は残るが、普天間は返還されて海兵隊が去るといった展開がありうる。この展開なら、沖縄県民もとりあえず満足できる。

　米国外で海兵隊が恒久的に大規模駐留しているのは全世界で沖縄だけだが、海兵隊は東アジアの防衛に向いていない。輸送機の能力が上がったので、海兵隊の常駐は米本土だけで十分だ。海兵隊が沖縄にいるのは米国の世界戦略に基づくのでなく、日本政府がいてくれと米国に金を出しつつ懇願してきたからという、腐敗した理由による。軍事戦略的に見て、普天間の海兵隊は要らない。

　もう一つの展開は、日米安保条約に関するものだ。日本政府は、対米従属を維持するため、米国は日本を守るが日本は米国を守らないという片務的な現行条約を守りたい。だがトランプはそれを認めない。折衷案として、全世界を対象とするのでなく、日本とその外側の海域に限って、米国と日本が対等に相互防衛する態勢に移行することが考えられる。グアム以東は米国の海域なので、グアム以西から中国の水域までの間、南北では日本からシンガポールまでの海域が、日米の相互防衛の海域になりうる。グアムには「第2列島線」、中国の領海・経済水域の東端には「第1列島線」が南北に通っている。2つの列島線の間の海域が、日本と米国が対等なかたちで防衛する海域になる。

　この2つの列島線はこれまで、米国と中国の戦略対話の中で出てきた。中国は第1列島線の西側（黄海、東シナ海、台湾、南シナ海）を自国の領

海・経済水域・影響圏として確保・死守する姿勢を示す一方、米国は中国の求めにしたがって自国の影響圏の西端をいずれ第2列島線まで後退させる姿勢を見せてきた。2つの列島線の間の海域は、米中いずれの影響圏でもなく、緩衝地帯として、今ところ宙ぶらりんな状態だ。このまま中国の台頭が続くと、いずれ中国が2本の列島線の間の海域も影響圏として取ってしまうだろう。トランプが、日本に、この海域を中国でなく日本の影響圏として取らせ、この海域において米国勢が攻撃された場合、日本の自衛隊が米国勢を守る義務を負うような追加策を日米同盟に付加し、日米安保条約の片務性を解消しようとするシナリオが考えられる。

このシナリオは、すでに昨年、オーストラリア軍の新規発注する潜水艦群の建造を日本勢が受注しようとする流れが始まったことで開始されている。2つの列島線の間の海域を、日本が豪州やフィリピンなど東南アジア諸国と組んで管理していくシナリオが見え始めている。日本の政府やマスコミなど「外交専門家」たち（＝軍産。オバマやトランプの敵）が、このシナリオについて沈黙しており、シナリオに名前がついていないので、しかたなく私は勝手にその新体制を「日豪亜同盟」と呼んでいる。

日本がこのシナリオに沿って動くと、日本を自立させ、世界を多極化していこうとする米国側をある程度満足させつつ、日本もしばらく対米従属を続けられるので好都合だ。国際法上は表向き、国家が領海・経済水域の外側に影響圏を持ってはならないことになっている。だが現実は、最近まで世界中が米国の影響圏だったわけだし、オバマは英仏独伊などEU諸国がリビアやシリアの内戦に不十分にしか介入しなかったといって失望感を表明している。オバマつまり米国は、地中海の反対側にある中東や北アフリカを、EUが責任を持つべき影響圏とみなしている。中東や北アフリカがEUの影響圏であるなら、西太平洋の2つの列島線の間の海域が日本の影響圏とみなされてもおかしくない。

石油産業や金融界と癒着しつつ覇権構造を変える歴代共和党政権

経済分野では、米国内のエネルギー産業に対する優遇がトランプ政権の

一つの特徴になりそうだ。温暖化対策を拒絶することがその一つで、温室効果ガスを多く出すとして使用を規制されてきた石炭に対する規制を撤廃し、環境問題を理由に止められてきた米国内の石油ガスパイプラインの敷設も解禁しそうだ。シェールの石油ガスの採掘に対する規制も緩和される。

　環境保護の観点から、トランプのエネルギー政策への反対が強まるだろう。だが同時に、国内のエネルギー開発を抑制する既存の米政府の政策は、環境保護にかこつけたサウジアラビアなど産油国からの献金や政治ロビーの見返り（輸入に頼らざるを得ない状態の維持）という部分があった。クリントン大統領になっていたら「環境保護＝サウジとの癒着＝サウジが支援するISアルカイダを米国も支援」の構図が続いただろうが、トランプはそれを破壊する。米シェール産業とサウジ王政の、原油安とジャンク債市場が絡んだ長い戦いは、トランプの登場により、シェール側が優勢になる。

　経済面でトランプがやると宣言しているもう一つの政策は、リーマン危機後に金融バブル防止のために制定された金融規制法である「ドッド・フランク法」を廃棄（Dismantle）することだ。これは、選挙期間中にクリントンを支持し、トランプを嫌っていた金融界を取り込むための作戦だろう。大統領選挙の投票日、トランプが勝ちそうなのでいったん株価が暴落したが、その後、株は反騰した。ドッド・フランクの廃止など、トランプも悪くないぞということらしい。

　2300ページという膨大なドッド・フランク法は、議会審議の過程で金融界の強い介入を受けて骨抜きにされ、発効したもののバブル防止の効果はほとんどない。そもそも今の金融市場は、米日欧の中央銀行群が自らQEなどによって巨額資金を注入し、超法規的にバブルを膨張させており、どんな強力なバブル防止法があっても意味がない状態だ。それでも、金融危機再燃防止策の象徴だったドッド・フランク法を廃止するトランプ政権は「一般市民の味方とか言っていたのに、当選したら金融界の言いなりだ。騙された」という批判を受ける。

　トランプの経済政策は、ブッシュ親子やレーガンの共和党政権がやってきたことのごたまぜの観がある。ブッシュ親子は石油業界の出身で、米国

内のエネルギー開発の徹底した自由化をやって環境団体から批判されていた。レーガンは金融自由化や劇的な減税をやり、米国の貧富格差拡大の源流となったが、トランプはこれを継承している。大幅な減税をやる一方で軍事費の増大をやる点も、トランプはレーガンを踏襲している。トランプは選挙戦で貧困層の味方をしたが、就任後の政策が金持ち層の味方になるだろう。彼は、クリントンより規模が大きい詐欺師だ。

　米国内的にはそういうことだが、世界的には、レーガンが「冷戦を終わらせた人」であるように、トランプは9.11以来続いている米国の軍産支配を終わらせるか、弱体化させるだろう。トランプがウクライナ問題を対露協調して解決に乗り出したら、今まで米国に睨まれていたのでロシアを敵視していたドイツやフランスは、あわてて対露協調に転換する。独仏が独自でロシアを敵視する理由など何もない。NATOは内部崩壊だ。エルドアンの高笑いが聞こえる。英国メイもニンマリだ。これだけでも、トランプがレーガンの後継者であることがわかる。

　米露協調でシリアやイラクのISアルカイダを退治しようという話になれば、米軍は増強でなく（ISアルカイダ支援をやめて）撤退するだけで、あとは露イラン軍やシリア政府軍がISアルカイダを退治してくれる。ISアルカイダは欧州などに行ってテロを頻発しようとするが、それはフランスのルペンなど欧州のトランプ派を政治的に強化し、難民や移民の流入を規制することで中長期的に抑止される。

　米中関係は、しばらく貿易戦争した後、何らかの米中合意が結ばれるだろう。全体として、トランプ政権下で米国の単独覇権体制が崩れ、多極型の覇権体制の構築が進むことになる。トランプが大統領になる意義はそこにある。

1章　トランプ革命の序曲 …… *49*

2章 すべては「アメリカ第一」
——覇権の再編

1 トランプの経済ナショナリズム

2016年11月8日にトランプが次期米大統領に当選した後、しばらくの間、米国の長期金利が上がり続けていた。長期金利の基準である10年もの米国債の金利は、投票日に1.86％だったのが、その後の1カ月あまりで2.5％まで上がった。

金利が上がったのは、トランプが1兆ドルという巨大規模のインフラ整備の公共事業を計画しているからだ。整備せず放置され、老朽化がひどい米国の交通や都市のインフラを整備するこの事業で、巨額資金が実体経済につぎ込まれることでインフレがひどくなり、長期金利にインフレ分が上乗せされるので金利上昇になる。トランプが選挙に勝って金利上昇が予測された時点で上昇が市場に織り込まれ始め、金利がじりじりと上がった。

年末以降、10年もの米国債の金利は、本書執筆の17年3月上旬までの段階で、2.5％前後の水準で安定している。トランプのインフラ整備策になかなか具体策が伴わず、実体経済にどの程度の資金を注入され、どのぐらいのインフレが予測されるか不透明感が強まったので、金利が上昇せずにすんでいる。だが、長期的に見て、トランプの戦略と関係なく、米国主導の世界の債券金融システムはバブルが崩壊して金利が上昇していく傾向だ。グリーンスパン元連銀議長は、いずれ10年もの米国債が5％にまで上がるという驚愕の予測を発している。

金融市場ではこれまで、米日欧の中央銀行が、通貨を巨額発行して債券を買い支えるQE（量的緩和策）によって、08年のリーマン倒産後、合計

12兆ドルもの巨額資金を市場に注入している。これが、債券金融システムのバブル崩壊を防いできた。QEの資金は金融のマネーゲームの世界のみにとどまり、実体経済の方に入らないので、QEをいくらやってもインフレにならない。

QEは、リーマン危機後に崩壊状態が続いている「死に体」の債券金融システムを、あたかも生きているかのように見せるための救済策であり、永遠に続ける必要があるので、中銀群は、いくらやってもインフレにならないQEを「デフレ解消（インフレ誘発）」のための策であると発表して続ける、意図的な間違いを挙行している（米国は、基軸通貨であるドルを高め誘導するため、14年にQEをやめて日欧に肩代わりさせた）。

インフレ・金利上昇の可能性

QEは、実体経済から離れた金融システムだけの動きなのでインフレにならないが、トランプが始めるインフラ整備は、実体経済への巨額資金注入なので、インフレになると予測され、それが米国の債券金利を押し上げている。インフレ率2％、10年もの米国債金利が3％ぐらいまでは、健全な状況の範囲内だが、それを大きく超えてインフレや金利上昇がひどくなり、グリーンスパンが予測する5％ぐらいになると、それは不健全な超インフレだ。何とかして金利を引き下げる必要があるが、超インフレは通貨に対する信用失墜を意味し、失われた信用を回復するのは時間がかかる困難な作業だ。歴史を見ると、超インフレに陥った多くの通貨が、信用を回復できず紙くずになって放棄され、代わりに新しい通貨が発行されている（それがまた超インフレになって放棄されることが繰り返されたりしてきた）。

米連銀（FRB）のバーナンキ前議長は「金融システムに対してだけでなく、実体経済に対して巨額資金を注入してもインフレにならない」という理論を信奉し、ヘリコプターで空から人々に札束をばらまく方法での実体経済への資金注入策（ヘリコプターマネー政策）にも効果があると主張をして「ヘリコプター・バーナンキ」と揶揄的にあだ名されてきた。彼は連銀議長になってヘリコプターマネーをやれる立場になったが、実施しな

かった。連銀内外で、彼の持論に賛成しない人が多かったからだ。彼自身、ヘリコプターマネーをやってインフレにならないと本当に考えているのかどうか怪しい。

日銀 QE は自国のためではなく米国の債券金融システムを救済するため

　バーナンキは 2016 年 7 月、日本銀行が QE で買える日本国債が市場に足りなくなり、日銀の QE が行き詰まり始めたとき、日本にやってきて安倍首相や黒田日銀総裁らと会い「QE がダメならヘリコプターマネーをやれ」とけしかけた。日本政府は、その提案を受け入れなかった。政府の財政赤字総額が先進国で最悪の GDP の 2 倍以上になっている日本でヘリコプターをやると、破滅的な超インフレになる確率が高い。日銀の QE は、自国のためでなく、米国の債券金融システムを救済するためで、米連銀がやるべき QE を肩代わりしている。米国勢は、日本が QE を続けられなくなって米国の債券市場が再崩壊するぐらいなら、日本に自滅的なヘリコプター策をやらせ、日本の犠牲のもとに米国が延命する方が良いと考え、バーナンキを日本に派遣して安倍や黒田に圧力をかけたのだろう。

　バーナンキのヘリコプターの話を持ちだしたのは、トランプがやろうとしている 1 兆ドルのインフラ整備事業が、ヘリコプター策と同等の悪影響（超インフレ）をもたらしかねないからだ。トランプ当選後の米国の長期金利の上昇は、市場（投資家）が、そのような懸念を持っていることを物語っている。

覇権国としての利他的消費大国の責務を放棄して経済成長を引き出す

　とはいえ、トランプの大規模インフラ事業が、超インフレを引き起こさないシナリオもありうる。米国の実体経済を成長させつつインフラ整備を進めるなら、税収が増えるので財政赤字が増えず、インフレが悪化しにくい。オバマ政権時代にほとんど成長しなかった（成長したように見せかける統計粉飾ばかりの）米国の実体経済が、トランプになったとたんに成長するはずがない、と考えられがちだ。だが、オバマまでの米政権と、トラ

2章　すべては「アメリカ第一」……53

ンプは、一つの大きな違いがある。それは、従来の米政府が、米国の覇権体制の維持を重視してきたのに対し、トランプは覇権を放棄しようとしている点だ。

第二次大戦後、覇権国になってからの米国が常に進めてきたのは、政府の財政赤字や民間の負債を増やしつつ旺盛に消費し続けるとともに、米国以外の国々（最初は日本や西欧、その後は韓国東南アジア、最近では中国やインド）が製造業を発展させ、製品を米国に輸出して経済成長し、その国々の中産階級が育つように仕向けることだった。

戦後の米国は覇権国として、世界経済を成長させ続ける責務を背負い込んだ。世界から輸入して旺盛に消費するのは、覇権国としての責務だ。その代わり、米国の負債（米国債や社債）は、世界的に信用度の高い（＝金利の低い）債券として、貿易黒字を貯め込んだ対米輸出国がどんどん買い込んだ。ドルは、唯一の基軸通貨として、いくら刷っても世界がほしがる備蓄通貨であり続けた。この覇権システムを維持したため、米国の製造業はすたれ、米国のインフラは整備されず老朽化したまま放置された。覇権システムを利用し、紙切れの債券を高く世界に売りさばく金融界が、米国を支える業界になった。

覇権研究が禁じられている（大学にその道の専門家が全くいない）敗戦国の戦後日本では、覇権を国民国家の狭い枠組みでしか考えられず「覇権運営者も米国民なのだから、米国の発展を何より優先するはずだ」といった思い込みが席巻している。だが実のところ、米国の覇権運営者は、米国自身の発展や米国民の幸福を二の次に考えている。「国際主義＝インターナショナリズム」は、対米従属の日本で「良いこと」ととらえられているが、米政界においては、米国自身を重視する「ナショナリズム＝米国第一主義」を「孤立主義」として排斥し、覇権に群がる勢力（投資銀行、国際企業、軍産複合体など）の利益を最優先にする考え方だ（日本の国際化教育は従属教育でしかなく大間違い）。

覇権に群がる人々は近年、米国という国家でなく、米国の投資銀行やネット企業（グーグルとか）を新たな受け皿（ビークル＝乗り物）として、覇権を運営する新システムまで開発し、それを TPP や TTIP として具現

化しようとした。彼らにとって、従来の覇権の受け皿だった「国民国家」は、選挙や社会保障など、めんどくさい手続きや「無駄」が多く、非効率で時代遅れだ。

　トランプは、このような米覇権システムの「効率化」や「（運営者にとっての）進化」に、真っ向から対立するかたちで、大統領選挙に出馬した。覇権運営者の中に、国家を捨てる覇権の進化策を阻止したい者たちがいて、彼らがトランプを大統領選に押し出した（対照的にクリントンは、グーグルやJPモルガンなど覇権の進化を目指す勢力と結託した）。トランプは、米国の製造業を復活させると豪語し、TPPに反対し、製造拠点を外国に転出させる米企業に報復的な課税をすると言いつつ、ラストベルト（五大湖周辺）の失業者など覇権運営の犠牲者たちをけしかけて、エリート敵視・トランプ支持の政治運動を引き起こし、選挙に勝った。

　トランプは、米国内での油田やパイプラインなどエネルギー開発を規制していた環境保護政策を破棄しようとしている。これは一般に環境の悪化につながると考えられている。だが、覇権の視点でとらえると、従来の環境保護への過剰な重視は、米国内のエネルギー開発を抑止することで、中東やその他の産油国からの輸入に頼らざるを得ず、シーレーンの確保を含め、米軍を世界中に駐留させ、世界中の国々の内政に干渉し続けねばならない覇権運営優先の国家体制を維持するための歪曲策だったとも考えられる。かつて、トランプと同様に国内エネルギー開発規制の撤廃をめざしたブッシュが政権についた時は、9.11テロ事件が（自作自演的に）引き起こされ、ブッシュは逆に中東の戦争に没頭させられた。

覇権運営優先・国内実体経済軽視から覇権放棄・国内実体経済優先へ

　延々と回り道の説明をしたが、要するに、トランプは、これまでの覇権運営優先・国内実体経済の発展軽視の風潮を破壊し、米国の覇権を放棄する代わりに、国内実体経済（国民経済）の発展を最優先する経済ナショナリズムをやろうとしている。これまでの覇権優先の体制下で、意図的に諸外国に無償供与されてきた「米国民に商品を売る権利」を、米国民を雇用する米企業の手に引き戻そうとしている。

これまで米国にどんどん輸出して儲けてきた中国に対し「米国からもっと買わないと、為替不正操作のレッテルを貼るぞ」「台湾を冷遇する『一つの中国の原則』を守ってやらないぞ」と脅すという、新たな「非常識」を展開してきた。「一つの中国」については17年2月、中国が本気で怒り、トランプが望む北朝鮮問題の中国主導の解決をやるには米国が一つの中国を承認することが不可欠だという態度を習均平がとったので、トランプは一つの中国を承認する態度に転換した。だが、為替不正操作のレッテル貼りの脅しは続いている。

　トランプは、中国だけでなく、他の国々にも同種の前代未聞な揺さぶりをかけていくだろう。これまで米国が意図的にないがしろにしてきた国内産業の振興をトランプが進め、外国勢でなく米国の（国際企業でなく）土着企業を儲けさせる政策が奏功するなら、米経済は意外な成長を始めるかもしれない（これまでの意図的なないがしろが見えないようにされてきただけに、新たな成長が「意外な」ものになる）。この手の成長が始まれば、大規模なインフラ整備が超インフレにつながらず、むしろ成長を後押しする。

　中国を筆頭に、対米輸出で儲けてきた国々は、内需を拡大しない限り、国内経済の成長が鈍化する。トランプの米国が、経済ナショナリズムを重視し始めるとともに、米国から中国など新興市場諸国に流入していた投資資金が米国に逆流し始め、ドル高人民元安が進み、中国政府は資金流出や人民元安を止めようとやっきになっている。

金融バブルが再崩壊して実体経済の成長を吹き飛ばしそう

　トランプの覇権放棄と経済ナショナリズムは、これまで覇権運営の裏側で軽視されてきた米国の製造業など実体経済に成長をもたらしそうだ。だが、米国の金融バブルの規模は、実体経済の何十倍もある。トランプ政権が、バブルを延命させる策に失敗し、金融危機が再発すると、実体経済の発展など簡単に吹き飛んでしまう。

　バブルが延命されている間は金利が低く、倒産しそうな企業でも比較的

低金利でジャンク債を発行できるので倒産が増えず、実体経済の景気が底上げされた状態を維持できる。バブルが崩壊すると、これが逆回しになり、金利高騰で資金調達難になって企業倒産が急増し、実体経済の悪化に拍車がかかる。トランプは、自分の政権下で金融バブルが崩壊して企業倒産が増えることを予測しているのか、財務長官になったミヌチンや、商務長官になったロスは、いずれも企業倒産のプロフェッショナルだ。

　米国では近年、自動車の販売が回復しているが、その大きな要因の一つは「サブプライム自動車ローン」だ。超低金利が続く中、ふつうなら自動車ローンを組ませてもらえない低所得者に融資が行われ、それで自動車が売れている。最近の米国の家計の負債の増加分の約半分が自動車ローンだ。住宅のサブプライムローンがバブル崩壊してリーマン倒産につながったように、いずれ自動車ローンも破綻が増えて金融バブル再崩壊の引き金を引きかねない。

　トランプが、リーマン危機の直後に大統領になっていたら、中央銀行群が何年も QE を続けてバブルを前代未聞な規模にまで拡大させてしまう現状の発生を防いでいたかもしれない。だが現実は、この８年間のオバマ政権下で、QE がバブルを膨張させ、中銀群は余力を使い果たし、いずれ起きる次の金融危機を救済できなくなっている。日本人の多くは、トランプよりオバマを好んでいるが、米国の国益から見ると、オバマは無意味なバブル膨張と中銀群の余力低下を看過した「悪い人」になっている。

2　トランプのポピュリズム経済戦略

トランプが率いる共和党は「トランプ労働者党」に!?

　経済学者のスティーブン・ムーアは、米国で最も権威ある右派（共和党系、レーガン主義）のシンクタンクであるヘリテージ財団の筆頭エコノミストだ。ヘリテージ財団は、今年の大統領選挙に際しムーアを、ドナルド・トランプを支援するため経済顧問として送り込んでいた。このことは、

2章　すべては「アメリカ第一」……57

米国の右派エスタブリッシュメントが早くからトランプを支持していたことを示している。そのムーアが、トランプの大統領当選後の2016年11月末、驚くべき提案（予測）を発した。それは「トランプが率いる今後の共和党は、ポピュリズム（庶民重視）の『トランプ労働者党』になる」というものだ。ムーアは、共和党の（ネオコンでなく、後述するレーガン保守主義を信奉する）旧保守派の新聞であるワシントンタイムスに11月27日付けで「Welcome to the party of Trump」という題する論文記事を出し、そこに「トランプ労働者党（Trump working calss party）」のことを書いた。

　トランプは、これまで20年ほどの米国の金融主導、金持ち重視の政策を批判し、製造業の復活や雇用増重視の政策を打ち出し、これまでの政策によって失業して貧困層に転落していたラストベルト（五大湖周辺のすたれた製造業地域）の庶民層に支持を呼びかけ、公共事業などによる雇用の創設や、労働者が雇用を剥奪される原因になるNAFTAやTPP自由貿易圏に反対する庶民重視（ポピュリズム）の政策を掲げて大統領選に勝った。ラストベルトの多くの州は1984年のレーガン以来、共和党が勝てず、民主党の牙城になっていたのをトランプが奪還した。トランプが、選挙戦で掲げた政策をそのまま大統領として実行し、共和党がそれを党の長期政策として受け入れると、今後の共和党が「ポピュリズムのトランプ労働者党」になる。

　従来の共和党の主流は1980年からの「レーガンの保守主義」だ。レーガンが大統領になった時も、今回のトランプのように、共和党内の当時の主流派から反対されたが、その後の共和党はレーガン主義が主流となった。レーガン主義は、小さな政府（財政不拡大）、規制緩和、自由貿易重視、減税（低税率）、個人の自由重視、強い軍隊などを掲げてきた。このうち、規制緩和、減税、強い軍隊については、トランプも掲げている。だがトランプは、レーガン保守主義が持っていなかったポピュリズムの傾向（保守主義はポピュリズムを、個人の自由を制限する大衆扇動の道具とみなす傾向が強い）を持ち、ポピュリズムであるがゆえにトランプは、小さな政府の反対とみなされる公共投資拡大（1兆ドルのインフラ整備）や、

貿易政策の保護主義的な傾向（中国などからの製品に高関税をかけるなど）を持っている。この点でトランプはレーガンと異なっており、レーガン主義を信奉する共和党主流派の多くがトランプを嫌ってきた。

　この構図の中で、スティーブン・ムーアは非常に興味深い存在だ。ムーアは、レーガン政権の経済政策立案者の一人で、「サプライサイド経済学」をレーガンの経済政策を支える理論に使うことで、レーガンの経済政策を権威づけて強化した功労者だ。そんなレーガン主義の元祖のようなムーアが、「共和党がレーガン主義の党だった時代は終わりつつある」「これからの共和党は、レーガンの保守主義でなく、労働者を重視するトランプのポピュリズムの政党にならねばならない」と主張している。元祖レーガン主義のムーアがそう言うのだから、従わざるを得ないとウォール・ストリート・ジャーナル（WSJ）紙が書いている。WSJはレーガン主義を信奉してきた新聞だ。ムーアは長くWSJの編集委員（社説決定委員）もつとめていた。ムーアの宣言は、共和党にとって大きな重みがある。

　ムーアは「（小さな政府主義、民間活力を信奉するレーガン主義の）私自身、政府主導の大規模な公共事業には反対だ。公共工事などやってもうまくいくはずがない。だが、今年の選挙で共和党を勝たせた有権者（庶民）がそれを望んでいるのだから、公共事業をやらざるを得ない」「（大統領と議会多数派の両方を共和党が握った）今年の選挙の結果を長く維持したいと思うなら、共和党は、不本意であっても、トランプのポピュリズムを党是に掲げねばならない」と言っている。

覇権の経済負担をやめポピュリズム、庶民重視

　トランプは、外国に出て行った米国企業の生産拠点を米国内に戻しつつ、米政府がないがしろにしてきた国内インフラの整備を1兆ドルの公共投資によって進めれば、米国のGDPを毎年4％ずつ成長させられると言っている。トランプは、これまでの米国が覇権維持策の一環として、米企業が生産拠点を海外に移すことを隠然奨励してきたのをやめて、経済の利得を米国に戻すことで、4％の経済成長を成し遂げようとしている。

　粉飾しても2％成長がやっとな従来の状況からすると、4％成長は大ボ

ラ吹きに見えるが、これまでの覇権維持策と異なり、覇権を取り崩しての成長なら、不可能でない。トランプは、ポピュリストかつナショナリスト的な経済成長策を成功させることで、自分の再選と、共和党の与党維持を実現しようとしている。ムーアが支持するトランプの戦略は、このようなものだ。ムーアが言うとおり、共和党が政権党の座に長くとどまろうとするなら、トランプのポピュリズムを主流に据える必要がある。共和党は、ムーアの主張に従うだろう。

（トランプ政権は17年2月末に決めた来年度の政府予算案で、前提となる米国の経済成長率を2.4％と定めた。大統領就任から1か月で、4％成長の野心的な戦略は、現実的な2.4％成長予測に取って代わられたことになる。だが、まだインフラ整備策も始まっておらず、今後の展開は不透明だ。2.4％成長でも、実現できれば国民の支持が増える。）

　ポピュリズム、庶民重視というと、企業への課税を増やしてそのカネを国民にばらまいて人気をとる策になりがちだが、トランプのポピュリズムは、覇権の経済負担をやめて、そのカネで企業と国民の両方の所得を増やそうとしている。トランプは企業重視でもある。企業重視だが、企業が政府よりも大きな力を持つ「企業覇権体制」を構築するTPPを敵視して潰してしまった。トランプは、ナショナリズム重視（米国第一主義）なので、企業は政府より下位になければならない。

トランプは金利上昇を止めるため連銀イエレンをたらしこむ？

　従来の共和党主流派のレーガン主義者たちは、小さな政府を信奉し、財政赤字の拡大を好まない。彼らと折り合いをつけるため、トランプは財政赤字を増やさず、企業が生産拠点を外国から米国に戻した分の法人税率を、従来の35％から6％台に大幅減免する代わりに、その企業にインフラ事業への投資を義務づけ、それらの民間からの投資金によって1兆ドルのインフラ事業をやろうとしている。加えてトランプは、財政赤字を増やさずに5兆ドルの減税を同時にやろうとしている。しかし、本当にそれらがうまく行くかどうかはわからない。

もし財政赤字が急増すると、長期金利が上昇し、インフレもひどくなる。金利が上がると、企業の資金調達のコストが増え、経済や雇用が成長しにくくなる。米政府の国債利払い額が増えて財政の足を引っ張る。金利やインフレの上昇は、トランプの経済戦略の成功を困難にする。オバマ政権は静かにどんどん財政赤字を増やした。2016年11月の赤字額は史上最大だ。それらの赤字はすべてトランプに引き継がれる。

　11月8日のトランプの当選以来、米国債の長期金利が上昇し続けている。長期金利の上昇を受けて、米連銀は、短期金利の利上げがやりやすくなり、今年は1回だけだった利上げを、来年は3回か4回やると言い出している。トランプのインフラ投資策で財政赤字が増えそうだから、というのが長期金利の上昇理由であるとされる。しかし、金利上昇の理由はこれだけでない。トランプが米国の覇権を放棄しようとしている反動で、米国やサウジアラビアなど、これまで巨額の米国債を買ってくれていた対米貿易黒字諸国が、米国債を手放す傾向を強め、米国債が売れなくなって金利が上がっている。基準指標である10年もの米国債の金利は、トランプ当選前の18%台から、26%まで上がっている。いずれ3％を超え、危険水域に入っていく。

　これまで米国は、中国からの輸入製品や、サウジなど産油国からの輸入石油を旺盛に消費し、世界の消費主導役になることで、世界経済の成長に貢献する覇権国の役割を果たしてきた。中国やサウジなどは、米国に輸出して得た巨額資金で米国債を買い支え、これが米国債の金利を低く保ってきた。だがトランプは、中国などからの輸入品でなく米国製品の売れ行きを高め、米国内のシェール油田などの石油開発を規制緩和によって奨励し、サウジなどからの石油輸入を減らすことで、米国の経済成長の加速や雇用増を実現しようとしている。中国は人民元の対米為替の異様な低下を穴埋めするため、サウジは石油輸出収入の減少を穴埋めするため、米国債を買いから売りに転じており、これが米国債金利の上昇を招いている。

金利高とドル高が大きな経済問題
　今後、トランプが覇権放棄的な経済ナショナリズム策を推進するほど、

中国やサウジは米国債を買わなくなり、米国債金利の上昇とインフレの悪化が進む。先日、中国は米国債の最大の保有国でなくなり、その座を日本に譲った。金利上昇は、為替市場におけるドル高の傾向につながる。米国は今後、金利高とドル高が悩みの種になる。金利高は企業の資金調達コストを引き上げるし、ドル高は企業の輸出競争力を阻害する。金利高とドル高は、トランプが解決せねばならない大きな経済問題になる。

　08年のリーマン危機以来、米国債（やジャンク債）の金利上昇を防ぐための策として、米連銀（FRB）は、ドルを大量発行して債券を買い支えるQE（量的緩和策）を行なった。QEは、中央銀行の（不良）債権を不健全に急増させ、米連銀がQEをやりすぎると人類の基軸通貨であるドルが危険になるので、米連銀は14年秋にQEをやめて、日欧の中央銀行にQEを肩代わりさせた。だが、それから2年たち、日欧とも中央銀行の不健全さがひどくなり、QEを縮小する時期に入っている。欧州中銀は先日、来春からQEを縮小すると発表した。日欧のQE縮小は、世界的な債券の下落（金利の上昇）を引き起こす。トランプの覇権放棄と1兆ドルのインフラ整備策（財政出動）だけでなく、日欧中銀のQE縮小も、米国（と世界）の金利高に拍車をかけている。

　このような中、トランプが金利高を緩和しようと思ったら、何をすれば良いか。答えは明白だ。米連銀のイエレン議長に圧力をかけ、14年以来のQE停止と短期金利の利上げの傾向に終止符を打ち、利上げ姿勢をやめてQEを再開させれば良い。今のところ連銀は、14年来の姿勢を変えたがらず、日欧にQEを肩代わりさせたまま、自分だけ短期金利を少しずつ上げていこうとしている。だがトランプ当選以来の長期金利の危険な上昇傾向の中で、連銀の利上げは、長期金利の危険な上昇に拍車をかけ、悪影響が大きくなっている。日欧のQEがもう限界なのだから、まだ余力がある米連銀自身がQEを再開するしかない。そうすれば長期金利が上がりにくくなり、トランプの経済成長策にもプラスだ。

　（公共投資を増やして実体経済が拡大する中でQEをやると、インフレが扇動されるかもしれない。公共投資を増やしても経済が成長しないとインフレになる。だがその一方で、賃金からのインフレにはなりにくい。雇用

統計の粉飾を引き剥がした下にある米国の実態は、完全雇用から程遠い大量失業状態なので、雇用が逼迫し賃金が上がってインフレになる心配はない。トランプは雇用をめぐる規制、つまり労働者保護政策を緩和＝企業による従業員搾取を看過する方針で、この要素も賃金上昇に歯止めをかける。）

　トランプは選挙戦中に、イエレンを嫌う発言を発している。イエレンは、来年末の任期終了とともに辞めさせられることを恐れている。トランプは「利上げをやめてQEを再開してくれるなら続投させてやるよ」ともちかけることで、連銀にQEを再開させ、金利上昇に歯止めをかけられる。もちろん、連銀のQE再開は、米国の金融バブルをひどくさせ、QEを再開しても2-3年後にはそれ以上続けると危ない事態になり、QE縮小が金融危機の再来を招く。

　このシナリオだと、トランプ政権は1期目に経済政策が成功して2020年に再選されるが、2期目の途中でQEが行き詰まって金融危機が起こり、米国覇権の瓦解につながる。この通りになるかわからないが、短期的に、トランプとイエレンが談合し、イエレンはトランプのポピュリズム・ナショナリズム的な経済政策に協力することで延命する可能性が高い。金融危機が早く起きると、トランプは批判される傾向が増し、英雄になったレーガンの再来でなく、蹴落とされたニクソンの再来になる。

3　米国を覇権国からふつうの国に戻すトランプ

　トランプが大統領就任とともに始めた経済戦略の要諦は「世界の消費に責任を持つ覇権国としての責務を放棄し、米国を消費の国から生産の国に引き戻すことで経済成長と雇用増に結びつけ、支持率維持と再選を狙うこと」だ。トランプがやると言っている自由貿易圏の破壊、関税引き上げ、輸出産業へのテコ入れ、国際化した米大企業の母国引き戻しは、いずれも経済覇権放棄の具体策だ。

2章　すべては「アメリカ第一」……*63*

トランプの TPP 離脱を受け、オーストラリアとニュージーランドは、米国が抜けた TPP に中国を引き込み、TPP と RCEP（中国＋ ASEAN ＋日韓豪 NZ 印）の統合を図っている。中国は、米国抜きの自由貿易国際体制の守護役に名乗りを上げ、欧米側で自由貿易を推進する国際支配層が集まるダボス会議に習近平が呼ばれ、欧米エリートと中国が結束する新たな世界体制が立ち上がっている。自由貿易支配層は米国を追い出され、中国 BRICS にすり寄っている。日本など自由貿易を信奉する世界の多くの国は、経済覇権国になる中国との敵対をやめていかざるを得ない。米国が買ってくれない以上、中国などに売り込むしかない。

　日本やカナダは、対米従属や中国敵視に固執して TPP に関する「トランプ説得・翻身」に望みをかけるが、覇権放棄はトランプ革命の根幹なので説得翻身は無理だ。メキシコはトランプと交渉しようとしたが、国境の隔離壁の建設費を出せとトランプに言われ、米墨サミットは中止された。トランプは、壁の建設費徴収を口実に、メキシコからの輸入品に高関税をかける。トランプは、いずれ他の国々からの輸入品にも高関税をかけそうだ。トランプは、英国と 2 国間の貿易協定を結びたいが、それは「英国みたいに EU から離脱する国は、米国が貿易協定を結んでやる」という態度をとって EU を分裂させる、ドイツ＝ EU 敵視策だ。

米国との 2 国間貿易協定もマイナスしかない

　ドナルド・トランプ米大統領が、TPP への参加を取り消す大統領令を出したことに対し、日本や豪州、ニュージーランド（NZ）、カナダなどの加盟諸国が、いくつかの異なる姿勢を表明し、大騒ぎになっている。一つの姿勢は、日本やカナダが発している「米国抜きの TPP は無意味だ。TPP 離脱を取り消すようトランプを説得する」というものだ。トランプは企業人なので、TPP 加盟が米国の経済利得になることにいずれ気づいて再転換するはずという考え方が、この姿勢の原動力だ。だが、これは非現実的だ。

　すでに何度も書いたが、トランプの基本戦略は「覇権の放棄」であり、

TPP離脱はこの戦略に見事に合致している。トランプはTPP離脱を決して撤回しない。トランプは企業人として経済利得を重視するが、その利得は非常に長期的な、覇権の視野に立っており、年単位の経済成長だけを重視する狭い視野と異なる。

「米議会がトランプを弾劾してくれるはず」というカミカゼ式の楽観論が存在するが、それも甘い。トランプは、議会の多数派である共和党の大統領で、共和党議員たちを喜ばせるため、軍事費増加、イスラエル強烈支持、環境や金融に関する規制の撤廃などをせっせとやっている。トランプは英国と２国間の貿易協定を結びそうだが、これも、米政界に影響力を持つ英国を厚遇して取り込む策だ。共和党の多くの議員は、覇権放棄屋のトランプに不満だろうが強く反対せず、弾劾決議案は通らない。トランプを辞めさせたいジョージ・ソロスの団体ですらが「トランプの弾劾は無理だ」と断言する記事を出している。

　日本やカナダには、TPPやNAFTA（米加墨）といった多国間の貿易協定でなく、米国と２国間の貿易協定の締結を希望する道もある。だが、自由貿易を否定して覇権放棄に走るトランプは、多国間、二国間を問わず、日本などが満足する貿易協定を結ぶ気がないだろう。日本が米国と貿易協定を結ぶためには、トランプがトヨタなど外国の自動車などのメーカーに求めた「主要部品を含めた完全な米国内での生産」に同意せねばならない。悪い貿易協定を結ぶぐらいなら、トランプの任期が終わるまで協定を結ばない方が良い。英国は、米国と２国間協定を結ぶ方向だが、英米間の貿易はすでにほとんど自由化されており、新たに協定を結ぶ利得は少ないと英中銀が指摘している（しかも英国は、EUを離脱する手続きが完了しないと新たな貿易協定を結べない）。

　日本やカナダと対照的に、豪州とNZは「米国がTPPをやめるというなら仕方がない、中国をTPPに入れよう」と提案している。今のままの形のTPPに、中国が加盟したがるとは思えない。TPPには、超国家的な（主に米国の）国際大企業が、加盟諸国の貿易関連政策（通商、税制、環境、雇用、商品安全などに関する政策）のうち「不当」と感じたものを訴追して潰せる超国家法廷の条項（ISDS）など、大企業が国家政府より上

2章　すべては「アメリカ第一」……*65*

位に立てる仕掛けがついている。国家の権力が異様に強い中国は、こんな民間企業優位の仕掛けを決して認めない。

TPP から ISDS 条項を外し、民間企業の権限を大幅に削ぎ、国家間の協定に変質させた上でなら、中国が TPP に入りうる。だがそうなると、TPP は、中国が主導する TPP のライバル貿易圏である RCEP（中国＋ASEAN＋日韓豪 NZ 印）と、あまり違いがないものになってしまう。米国が抜けた TPP に中国を招き入れる豪 NZ 案は、TPP と RCEP を合併する案だ。米国抜きだと、中国が最大市場になるので、RCEP が TPP を吸収合併する、つまり TPP は中国主導になってしまう。トランプの TPP 離脱は、隠然と中国を強化する隠れ多極主義的な策でもある。

米国を、覇権国になる前の戦前の状態に戻す

カナダは右派政権なので、中国の台頭を認めたくない。だがカナダは TPP だけでなく、既存の貿易圏である NAFTA（米加墨）も、トランプにダメ出しされ、再交渉の俎上に載せられて崩壊寸前だ。カナダ経済は圧倒的に米国に依存している。米国経済もカナダに依存しており「企業人のトランプが、カナダとの自由貿易を破壊したいはずがない」という楽観論が出回っているが、すでに述べたように、トランプは別のところを見ている。それを察知しているカナダ政府は、米国抜きの体制など考えられないと言う一方で「米国に頼れないなら、中国や日本などアジア諸国との関係を強化せざるを得ない」とも言い出している。中国との経済関係を重視するほど、豪州 NZ 案に賛成するようになる。

この面に関して、浅薄な中国敵視に拘泥する日本は沈黙しているが、事態はカナダとさして変わらない。安倍首相は、トランプ就任前に豪州を訪問し、トランプが TPP を離脱したら、日本と豪州が協力して事態を乗り切ることを決めている。日本では、外務省などが官僚独裁体制を維持するため徹頭徹尾の対米従属・中国敵視の姿勢だが、安倍自身は政治的な野心から、外務省などと微妙に違う姿勢にも見える。

安倍は 17 年初に、反米のドゥテルテが率いるフィリピンも訪問した。

16年夏のドゥテルテ就任以来、フィリピンを訪問した外国首脳は安倍が初めてだった。安倍は豪州と新たな軍事協定も結んだ。ほのかに再び見えてくる「日豪亜」。もし、米国も中国も入らない場合のTPPを考えてみると、それは「拡大版の日豪亜」「日豪亜＋環太平洋」「米国と中国の間に位置する第3の影響圏」だ。

　中国の台頭が進むと、この影響圏も中国に吸収されてしまう。日本が韓国朝鮮みたいな対中従属国に成り下がりたくないのなら、この影響圏を、豪州やドゥテルテと一緒につかむしかない。ISDSの裁判所の判事には、米国の弁護士軍団でなく、日豪亜の政府と内通した官僚出身者などが就任する。TPPは、多国籍大企業による覇権体制という従来の構想と、似て非なるものになる。米国がTPPを不可逆的に離脱しても、安倍はしつこくTPPを推進している。表向き、それは「トランプをなんとか説得する」という、日本外務省的な「徹頭徹尾な対米従属」の路線に見えるが、もしかするとこっそり「拡大版の日豪亜の貿易圏」を狙っているのかもしれない。

自由貿易と地球温暖化に対するトランプの対応

　TPPとは何だったのか、についてもう少し。ISDS条項などを見ると、TPPやNAFTAは、米国の国家の覇権体制というより、自由貿易体制下で儲けが増える米国などの多国籍企業群による覇権体制だ。ダボス会議に集まるような人々が、TPPやNAFTAを推進してきた。だから、TPPやNAFTAを潰そうとするトランプやその側近たちは、誰もダボス会議に招待されていない。ダボス会議に招待され、自由貿易体制を発展させようと演説して最も注目されたのは、中国の習近平主席（大統領）だった。

　ダボス会議には来なかったが、ドイツのメルケル首相も同時期に、自由貿易体制の重要性を強調する演説を行い、トランプの保護主義を批判した。メルケルも習近平も、トランプに敵視されている。自由貿易体制は今や、トランプの米国が敵視する勢力によって守られている。豪州などが、米国がTPPから出て行くなら代わりに中国に入ってもらおうと言い出すのは不思議でない。「地球温暖化」対策も、かなり前から世界的な主導役は発

展途上諸国を率いる中国になっている。トランプは、温暖化人為説を否定している。温暖化と自由貿易に関するトランプの動きは、同じ構図になっている。

トランプは、第二次大戦以来の世界的な単独覇権国である米国を「ふつうの大国」（西半球の地域覇権国）に戻そうとしている。これは米国を、覇権国になる前の戦前の状態に戻すことでもある。これまでの米国は、覇権国の義務である世界経済の牽引役として、自国の製造業を意図的にないがしろにして、世界から無関税で旺盛に輸入して消費する役目を果たしてきた。トランプは、この役目を放棄し、米国の製造業を蘇生し、輸入や消費をがんばる単独覇権国でなく、製造や輸出で儲ける「ふつうの国」に戻そうとしている。

この転換は、うまくいかないかもしれないが、メキシコやカナダや日本や中国が製造業で得ていた経済成長を米国が奪うことを意味するので、うまくいけば何年間かトランプが目標とする雇用増や経済成長を実現できる。経済成長を実現し、支持率や権力を維持できている限り、トランプは経済面だけでなく政治面の覇権放棄や多極化推進も続けられる。金融危機が起きると経済が破綻するので、トランプは少なくとも任期（2期8年）の後半までイエレンの米連銀（FRB）を追い詰めず、オバマ時代に大きく膨らんだ金融バブルが破裂しないようにするだろう。途中でバブルが崩壊してリーマン危機のさらに大型版が起きると、トランプの経済政策は失敗の烙印を押されるが、同時にドルや米国債の基軸性が失われ、これまた米国覇権の崩壊と多極化の急進展につながる。

4 米欧同盟を内側から壊す

最近まで、米国と、英独仏などの欧州諸国は、リベラルな社会体制と民主主義の政治体制、自由貿易の経済体制を共通の理念として持つ米欧同盟であり、この同盟体が、世界で最も豊かで強い集団であり、人類を主導し

てきた。NATO やＧ７は、米欧同盟を体現する国際組織だった。テロ戦
争に名を借りたリベラル体制の規制や中東での相次ぐ濡れ衣戦争、自由貿
易の世界体制を維持するための機関だった WTO に対する軽視など、米国
が米欧同盟をゆるがす動きがあったものの、欧州諸国は米国に従属する関
係を重視し続け、同盟が維持されてきた。

　しかし、トランプ政権の登場で、事態は一気に不透明になった。トラン
プは、大統領就任の直前の１月中旬、英国のサンデータイムスと、ドイツ
のビルトという２つの新聞に相次いで書かせたインタビュー記事で、欧州
諸国を相互に分断する方向の発言をさかんに行い、米欧同盟を内側から壊
す策を強めている。２つのインタビューで顕著なことは、ドイツのメルケ
ル政権に対する酷評と、それと対照的に、英国に対する経済面の厚遇（米
英２国間の貿易協定の締結）という、独英への態度の大きな違いだ。トラ
ンプは、選挙期間中に発していた、NATO を「時代遅れ」と批判する発
言も繰り返している。

EU はドイツのための組織

　トランプは、EU を「ドイツのための組織」と言い切り、英国がドイツ
のための組織である EU から離脱したことは、国家主権を守る良い選択だ
と、16 年６月の国民投票で決まった英国の EU 離脱を称賛している。今後、
EU に加盟する他の諸国も、国家主権の維持のため、相次いで EU から離
脱するだろうとの予測も発している。

　EU がドイツが主導して他の加盟諸国の国権を剥奪する組織であるのは
事実だ。だが同時に、冷戦後のドイツに EU を作らせたのは米国だ。米国
の指導者が、EU をドイツのための組織だと暴露発言してしまうのは画期
的だ。トランプは、英国を筆頭とした加盟諸国の EU 離脱を鼓舞し、かつ
て米国自身が後押しした EU を壊そうとしている（表向き、EU がどうな
るか、崩壊するか延命するかに関心がないと言いながら）。

　トランプは、英独紙へのインタビューで、ドイツと EU は、シリアなど
からの移民を大量に受け入れたメルケル首相の政策の失敗のせいで、ひど
いことになっているとメルケルを批判した。また、ドイツ車は高性能だが、

ドイツが米国に自動車を売ることに関して米国側の利得が少なすぎる、メキシコや欧州から米国に完成車や部品を輸出するBMWに35%の関税をかけるかもしれない、と保護主義な発言も放った。

これに対し、ドイツのガブリエル副首相（当時）は、もし米国がもっといい自動車を作れるようになったらドイツで売れるだろう（ひどい車しか作れないのに他国のせいにするな）とか、欧州の移民問題の原因は米国がシリア内戦やリビア破壊など中東政策で失敗し続けたからだ（まず米国自身のひどい中東戦略を自己批判しろ）と発言し、トランプを逆批判した（米国のトランプ支持のブログは、米国のひどい中東戦略はトランプの敵であるオバマやヒラリー・クリントンがやったことだと指摘）。

ガブリエルは左派政党SPDの重鎮（当時は党首）で、これまで右派CDUのメルケルと連立政権を組んでいたが、17年夏のドイツの総選挙ではメルケルのライバルとなる。SPDは、ドイツ人の反米ナショナリズムを煽って選挙に勝とうとしている。トランプは、ドイツの左派に喧嘩を売り、極右（AfDなど）にはEU離脱やリベラル社会を壊せと鼓舞し、ドイツ左右両極の反米ナショナリズムを扇動している。一方で中道右派のメルケルは、自由貿易とリベラル社会を守るための長い戦いをすると宣言したものの、トランプと同じレベルでの喧嘩を避けている。

ドイツの17年夏の総選挙は、もしメルケルが勝ったとしても、右左両側からの反米感情の噴出を受け、ドイツ全体が対米自立していく傾向が加速する。トランプは、ドイツを対米従属から押し出し、米国のライバル国に押し上げようとしているかようだ。

EUやユーロは17年から18年にかけて、いったん破綻する可能性が増している。だが、ドイツが欧州最強の国であることは変わらないので、いずれドイツを中心にEUや通貨統合が縮小版として再生されていく。やがて生まれ変わるEUは、従前のEUと異なり対米従属でなく、自分らの国益を最優先にするだろう。ドイツは米英に気兼ねせず、勝手にやり出すようになる。時代遅れなNATOを代替し、ドイツ中心の欧州軍事統合も進む。トランプは、ドイツやEUを多極化（対米自立）させている。

米国との貿易協定で急に強気になった英国

　トランプは、ドイツを自国のライバルに仕立てる一方で、英国を自国の「裏返った同盟国」にしようとしている。従来の米英同盟は、戦後世界の米国覇権体制を運営する（英国が米覇権の黒幕になる）ためのものだったが、最近出てきた「裏返し同盟」は、米国側が主導するこれからの覇権体制の転換に英国が協力して国益を得るためのものだ。

　従来の英米同盟は反ロシアだが、今後のは親ロシアになっていく。従来はエリート支配だったが、今後は草の根の政治力を動員するポピュリズムだ（メイ首相は16年10月の演説で、保守党のくせにエリートを非難し、労働者や中産階級のための政権だと言って大転換した）。米国は9.11以来、英国と疎遠にする姿勢を強めていたが、トランプになって米英ともに裏返った状態で再同盟しようとしている。2016年6月の英離脱投票は、米国の反エリート運動に飛び火してトランプ当選につながり、さらに米英裏返し同盟として英国に影響している。英米はこの200年間、異なる位相で相互に影響を与え続ける共振関係だった。

　メイ政権は、2017年3月までに離脱を正式にEUに申請し、離脱後の英EU関係を決める交渉に入るが、米英協定の内定により、英国は米国を自国製品の特別な市場として持つ見通しが立ち、EUとの交渉におけるメイの立場が急に強くなった。メイは、17年1月17日の演説で「EUと交渉しても、中途半端な協定しか結べないなら（対欧輸出が高関税になる）無協定の方が良い」と宣言した。他の加盟国の離脱を防ぎたいEUが、英国を見せしめ懲罰するための厳しい交渉姿勢を変えないなら、英国は経済的にEUから締め出される。それでかまわないとメイは宣言した。

　対EU輸出は、英国の輸出全体の半分を占めており、たとえ米国に無関税で輸出できるようになっても、それで代替しきれず、英経済は悪化する。だが、今後EUの解体色を増すほどEU側の混乱も大きくなる。もし英国がEUに残っていたら、EUからの悪影響を経済・政治・社会の全面で受け、もっとひどいことになっていたはずだ。EUの状況悪化によって、英

国の離脱は「悪い判断」から「良い判断」へと変質している。これぞ国際政治のダイナミズムだ。今のEU崩壊は、16年夏の英国の離脱決定が引き起こした部分が大きく、今起きていることは英国の自作自演ともいえる。メイの姿勢からは、英国の支配層がEU離脱か残留かで内紛していた時期が終わって離脱でまとまったことが感じられる。

　英国のハモンド財務相は、EUが懲罰的な態度を改めず無協定になった場合、英国は、これまでの欧風な福祉社会の国家体制を放棄し、法人税などを大幅に引き下げて欧州沖の「タックスヘイブン（租税回避地）」に変身（シンガポール化）し、EUから企業立地や投資を横取りしてEUの税収を激減させてやると最近宣言した。タックスヘイブンは、大英帝国が発明した「国際闇金融システム」で、英国の影響圏や航路が他の大国と接する海域の英国支配地の島（英仏海峡のチャンネル諸島、地中海のマルタやキプロス、米国周辺のバミューダやケイマンなど）に作られてきた。それが今や、英国本体がタックスヘイブンになる構想を、英国の財務相が表明する事態となっている。この表明が、本気なのか脅し文句に過ぎないかはわからないが、英国の支配層が何を考えているか考えるうえで興味深い。

　トランプとドイツの強まる敵対の中で、揺れているのがフランスだ。フランスは、17年5月の大統領選で「極右」のマリーヌ・ルペンが勝つとトランプ陣営に、中道右派のフランソワ・フィヨンもしくは左派のエマニュエル・マクロンが勝つとメルケル陣営（もしくはメルケルとトランプの橋渡し役）に入る。メルケルは、EUやユーロを離脱すると宣言しているルペンを敵視し、独仏でEUを再編しようと言っているフィヨンを応援している。

トランプが捨てた自由貿易世界体制の守護者になる習近平

　17年1月17-20日にスイスで毎年恒例のダボス会議が開かれたが、トランプ陣営は誰も参加しなかった。トランプは、ダボス会議に招待されるような国際エリートたちを敵視するポピュリズムを使って権力を得ており、不参加は自然な動きだ。オバマ政権からはバイデン副大統領が参加

し、プーチンのロシアが自由主義の世界体制にとっての最大の脅威と非難し、ロシアの脅威から欧米を守るNATOが重要だと表明して、親プーチン・反NATOなトランプを攻撃する演説を行った。ダボス会議は、トランプを敵視する「自由主義」陣営の集まりと化している。

　そんな17年のダボス会議で最も注目を集めたのは、バイデンでなく、中国の習近平主席だった。中国首脳のダボス参加は初めてだ。習近平は演説で、自由貿易の世界体制や経済のグローバル化を守っていこうと世界に呼びかけ、保護貿易的な言動を繰り返して中国との貿易摩擦を煽るトランプを、名指ししないかたちで批判した。自由貿易やグローバリゼーションに対する支持を世界に呼びかけるのは、もともと覇権国である米国の首脳に期待されていた言動だ。それが今や、米国首脳になるトランプが、自由貿易をないがしろにして、自由主義経済を信奉するエリート会であるダボス会議にも出てこない。自由貿易や自由主義経済を賛美して支持を呼びかける世界的な主役は、ダボス初参加の習近平に取って代わられてしまった。

　トランプは就任後にTPPを破棄したが、TPPに代わってアジアの貿易体制として席巻しそうなのが、中国主導のRCEP（中日韓＋ASEAN＋印豪NZ）だ。ダボスの発言だけでなく、アジアの現場においても、貿易体制の守護者は米国から中国へと交代しつつある。この交代劇を引き起こしているのはトランプだ。中国が米国から覇権を強奪しているのでなく、米国が捨てた覇権を中国が拾っているだけだ。覇権は強奪されて遷移するものでなく、押し売りや廃品回収や「ババ抜き」によって遷移していくものになっている。

2章　すべては「アメリカ第一」…… 73

3章　トランプの対マスコミ戦争

1　マスコミを無力化するトランプ

　トランプは、16年11月の選挙で当選した後も、17年1月に大統領に就任した後も、ツイッターやユーチューブで、政策の発表や、政敵への攻撃を続けている。トランプは選挙戦で、マスコミから誹謗中傷や歪曲的な報道の扱いを受け続け、トランプが抗議しても報道や世論調査の歪曲は止まらなかった。

　当然ながら、トランプはマスコミを信用しておらず、自分の政策や主張をマスコミ報道を通じて世の中に伝えるのでなく、マスコミを迂回し、ツイッターやユーチューブで伝えている。ツイッターでのトランプのフォロワーは急増し続け、16年末に1600万人だったものが、17年3月には2600万人になっている。ツイッターを使うことで、トランプはマスコミを通じなくても広報ができる。当選直後には、これまで歴代の大統領がマスコミを通じて発表していた「就任後の百日間に実施する予定の政策」を、マスコミを経由せず、ユーチューブで発表した。トランプは大統領になっても、マスコミやリベラル陣営から売られた喧嘩をさかんに買い続け、ツイッターで反論や逆中傷し続けている。トランプは、大統領としての広報活動を、マスコミを迂回したままやろうとしている。

　（ツイッターは経営難だ。10月にグーグルなどに買収される噂が出て一時株価がやや持ち直したが、その後また株価が下がっている。トランプがツイッターを重視し続けると、潰れかけたツイッターが蘇生できるかもしれないと、冗談半分に指摘されている。）

記者クラブ的な慣行（プロトコル）を無視

　米大統領など政治指導者は、自分の政策や主張、行動実績について、国民に伝える義務を負っている。大統領が政策や主張をどのような形で国民に伝えるべきかを定めているのは、義務的な法令でなく、記者クラブ的な慣行（プロトコル）でしかない。インターネットが広く普及している米国において、大統領になったトランプが、マスコミ経由でなく、ツイッターやユーチューブで広報活動することは、型破りであるが違法でない。

　トランプは当選以来、大統領就任予定者が守るべきプロトコルを破り続けている。トランプが行く先々にマスコミの記者団（番記者）が同行しているが、トランプは自分の飛行機に記者団を乗せることを拒否している。政権準備の執務室があるトランプタワーにも番記者群がはりつき、外出時は記者団に伝えることが求められているが、トランプは記者団に伝えず家族と食事に出かけ、騒動になった。かつてトルーマン大統領は、常に記者団に監視されているホワイトハウスを「白い監獄」と呼んでプロトコルを批判した。トランプは、監獄プロトコルをかなり拒否している。

　マスコミからすれば、短期的には「トランプはひどいやつだ」と報じていればいいが、長期的には、記者会見や側近からの意図的な情報リークなどを得られず、トランプ周辺にマスコミが近づけない状態が続くと、マスコミの方が情報源を絶たれて行き詰まる。批判をやめて、トランプに擦り寄る必要がある。擦り寄る時にまずマスコミが言ってくるのは「マスコミと良い関係を結んでうまく使った方が、支持率が上がるし良いですよ」ということだ。しかしトランプの場合、マスコミを含む米国の支配層（軍産複合体、エスタブリッシュメント）の支配体制を壊すために大統領になっている。トランプとマスコミは簡単に和解できない。

　トランプは 2016 年 11 月中旬、CNN、ABC、フォックス、NBC など、米国の大手テレビ局の経営者や著名アンカーを 30 人ほどトランプタワーに呼び集め、非公式オフレコの懇談会を開いた。テレビ各社は、トランプがマスコミと仲直りしたくなったと思い、喜んで集まった。だが、この会合でトランプは延々と激しいマスコミ批判を展開し、マスコミ側はトランプと仲直りすることも、新たな取材ルートの開拓もできず、叱られて嫌な

思いをしただけだった。トランプは新聞の NY タイムズとの間でも、非公式オフレコ会談をいったん設定した後、NY タイムズ側が会談の条件を変更してきたと言ってキャンセルし、その後さらに翻意して会談を了承することをやっている。

　トランプは、マスコミとの喧嘩を続けつつ、非公式に「会う。会わない。会っても批判するだけ」を繰り返すことで、トランプの言いなりになるマスコミを 1 社 2 社と作り、残りのマスコミをさらに冷遇して屈服・転向する社を増やそうとしている（フィリピンのドゥテルテが同じやり方で国内マスコミを屈服させている）。トランプはマスコミとの関係において、既存のプロトコルを破壊して、彼が満足できる新たなプロトコルを作ろうとしている。

　ツイッターやユーチューブは、トランプが言いたいことを一方的に国民に伝えるだけで、トランプに答えたくないことを質問して答えさせる機能がない。マスコミの記者会見には、その機能があり、それがマスコミの「健全さ」であるとされる。だが 16 年の大統領選でマスコミはクリントンを支援してトランプを誹謗中傷し、不健全そのものだった。米マスコミは 9.11 以来、イラクやイラン、ロシアへの濡れ衣的な非難報道、経済が改善していないのに改善したかのように報じるなど、不健全なことばかりやってきた。

　米国やその傀儡である日欧のマスコミに健全性を期待するのは無理だ。これらのマスコミは、早く潰れて消失した方がいい。マスコミの従業員たちは「俺たちがいなくなって困るのは君たちだ」と国民に向かって言うが、それは大ウソだ。マスコミの「偽ニュース」などない方が、人々がウソを軽信せずにすむ。困るのは、失業するマスコミ従業員たち自身だけだ。トランプがやっているマスコミ叩きは良いことだ。

　トランプは、ホワイトハウス内部の、50 席しかなく大手マスコミの記者しか入れなかった既存の記者会見室を廃止し、代わりに 400 席の新しい会見室を作ることを検討している。400 席あれば、トランプを潰したがる大手マスコミだけでなく、公平に報道する傾向がマスコミよりも強いオルトメディアやブロガーなどもトランプの記者会見に参加できる。新たな会

見場は、ツイッターやユーチューブの一方向性を補正する機能がある。

　米大統領選挙との絡みで見ると、米国で新聞を読む人の多くは、都会の比較的教育の高い人で、彼らの多くはクリントン支持だった。マスコミ自身、多くはリベラルで、クリントン支持（もしくはトランプ当選に反対）の勢力だ。共和党主流派を含め、米国の支配層はマスコミとの親和性が強く、トランプを敵視してきた。トランプとマスコミの喧嘩は、大統領選の延長線上にある。選挙に勝って最高権力者になったトランプが、往生際の悪い軍産マスコミ勢力を、成敗ないし屈服させようとするのが今の動きだ。

好戦やくざメディアを雇ってマスコミに消耗戦を強いて屈服させる

　トランプの対マスコミ戦法は、トランプ自身のツイートやユーチューブ利用以外にもある。それは、トランプが主席戦略官に右派ニュースサイト「ブライトバート breitbart.com」の経営者であるスティーブ・バノンを任命したことだ。ブライトバートは、右派の中でも反主流派（オルトライト）で、米国のイスラエル極右系の著述家アンドリュー・ブライトバート（故人）が07年に創設した。トランプは、選挙戦中からバノンをメディア戦略などの顧問として使い、バノンのブライトバートはトランプ人気に乗って読者（ユニークユーザー）が4500万人に急増し、月刊3億ページビューという大手マスコミ並みのニュースサイトになった。

　トランプの戦略は、ブライトバートという反エスタブ・反リベラルな右派ニュースサイトを、NYタイムズやCNNを筆頭とするエスタブ・リベラルなマスコミに噛みつかせ、戦わせる策だ。マスコミは、バノンを「差別主義者」「危険人物」と酷評しているが、バノンは権力を背にしており、いずれマスコミは沈黙・黙従する。エリートなマスコミは、これまで軽蔑してきたやくざなブライトバート（やその他の反主流な言論サイト）と戦わされて消耗した挙句、トランプに媚を売って屈服せざるを得なくなる。

　ユダヤ人の世界として見ても、左派リベラルなユダヤ人が経営する米マスコミが、好戦的で草の根の右派（極右）の入植者ユダヤ人に攻撃・侵入され、イスラエル右派のロビイ団体であるAIPACが米政界を恫喝・席巻

し、議員やマスコミ経営者にお追従を言わせてきた構図と重なっている（古くは英国の、エリートなロスチャイルド vs. 草の根で好戦的なシオニストとの戦いに起因する）。

　極右の入植者はイスラエル上層部をも支配し、首相のネタニヤフがその筆頭だが、ネタニヤフは以前からトランプと親しい（ネタニヤフの最有力な支持者である米国のカジノ王シェルドン・アデルソンがトランプを強く支持した）。同時にネタニヤフは近年、プーチンのロシアに擦り寄っており、トランプ・プーチン・ネタニヤフの同盟が形成されている。オバマの時代まで、米国の上層部は左派ユダヤ人が支配し、右派ユダヤ人の侵入と戦うと同時に、冷戦的な米露対立が続いてきた。だがトランプは、この全体像を解体再編し、トランプの米政府が右派ユダヤ人、ロシアの両方と結託し、既存エリート層の（ユダヤと非ユダヤの）左派リベラルを無力化しようとしている。

異なる意見を戦わせる

　トランプは、反主流な右派のバノンを首席戦略官に任命すると同時に、それと並ぶ首席補佐官に、共和党の全国委員長という主流派の右派の地位にあるラインス・プリーバスを任命している。トランプは、選挙戦で共和党の主流派から敵視されつつ、草の根の支持を圧倒的に集め、主流派から嫌々ながら支持された経緯がある。トランプは大統領になるにあたり、連邦議会上下院の多数派を制覇した共和党の主流派を取り込むため、プリーバスを首席補佐官に任命した。だが同時に、プリーバスのライバルとなる首席戦略官に反主流派のバノンを任命し、2人がトランプの傘下で戦い続ける構図を作った。

　トランプは、これまでの会社経営でも、異なる意見の2人の部下をライバル的な2つの職位につけて戦わせ、その論争や紛争の中から出てくる色々な意見の中から、自分がこれと思うものを採用して経営に役立ててきた。紛争の存在は、外部に対する目くらましとしても機能する。トランプは同じやり方を、米政府の中枢で展開しようとしている。草の根好戦派出身のバノンは、民主党系のリベラル左派（やマスコミ）と、共和党主流右

派の両方にかみつく役回りを負わされている。トランプの側近選びはちぐはぐで混乱していると指摘されているが、それは意図的、戦略的なものだ。

無力化される国務省

　トランプは大統領当選後の2日間で32カ国の首脳たちから電話で祝辞をもらい、会話したが、それらはすべて国務省に何の連絡もなく行われた。17年2月中旬に実現した日本の安倍首相との会談も、準備を仕切ったのはトランプ陣営で、国務省は全く外されていた。トランプは、国務省を無視している。選挙戦中から、トランプの外交顧問の中には主流派の著名人がいない。トランプは、いわゆる「外交専門家」を外している。大統領に就任した後も、外交を国務省に担当させずホワイトハウスが仕切り、国務省は外され続ける可能性がある。この場合、国務長官が誰であろうが「おかざり」にすぎない。共和党主流派は「国務長官をもらった」と喜んでいると、あとで失望することになる。

　国務省は、他の諸国でいうと外務省だ。国務省や外務省抜きで外交ができるはずがない、と思う人は洗脳されている。トランプが親しくしているネタニヤフ政権のイスラエルでは、数年前から外務省が事実上、機能停止され、外務大臣も置かれずネタニヤフが兼務している。外務省内の最高位である外務次官には、極右な入植者が任命され、省内の外交官たちが外交活動をやらないよう監視している。イスラエル外務省は、米欧の外交官と結託してパレスチナ国家を創設する「2国式中東和平」の推進勢力だったので、徹底的に無力化されている。外務省がなくても、イスラエルはロシアに擦り寄り、トルコと和解し、サウジに接近し、エジプトやヨルダンを傀儡化する巧妙な外交を展開している。外務省など廃止した方が、うまい外交ができる。トランプの米国において国務省が無力化される可能性は十分にある。

　国務省の外交専門家（＝軍産）を一人ずつ改心させるより、まるごと無視して全体を事実上の失職に追い込んだ方が早い。これは、トランプがツイッターで直接発信したりブライトバート経営者を戦略官に任命したりして、外交官と並んで軍産の一部であるマスコミを迂回・消耗させて事実上

の失職に追い込もうとしているのと同じ構図だ。軍産のもうひとつの部門であるCIAなど諜報界に対しては、前回の記事に書いたように、毎日の諜報ブリーフィングにトランプがほとんど出席しないというかたちで無力化している。トランプは徹底して軍産を無力化しようとしている。

　しかも、共和党主流派だからといって、軍産や反多極化の勢力であるとは限らない。トランプの国務長官になったのは、石油大手エクソンモービルの会長だったレックス・ティラーソンだ。エクソンモービルは、ロックフェラー家の会社だ。ティラーソン自身も、ロックフェラー家と親しい。ロックフェラー家は、トランプの敵である共和党エスタブリッシュメント（軍産）の権化であるかのように見えるが、ニクソンやレーガンの多極主義策を練ったのはロックフェラーが運営するシンクタンクCFR（外交問題評議会）だ。ニクソン政権で対中和解をやったヘンリー・キッシンジャーは、CFRを代表する学者だ。ティラーソンがロックフェラー系の人であることは、彼がCFR張りの多極主義策を推進する可能性が高いことを意味している。

　トランプのツイッター利用には、おちゃらけた部分もある。トランプは大統領選出馬前、テレビタレントであると同時に、テレビドラマの監督や役者もやっていた。その技能を生かし、今回は、自分の政権の閣僚選考をツイッターで逐一実況中継し「誰が入閣するか落選するかワクワクドキドキ。最終結果を決めるのは俺様トランプだぁ」的なテレビドラマ風に仕立てている。トランプは、閣僚候補の誰かに会うといちいちツイートし、彼はすばらしいとかイマイチだとか書き込む。落選者は1600万人のフォロワーに告知され屈辱を味わう。トランプは、シリアスな超大国の閣僚人事を、おふざけなエンタメにしている。とんでもないやつである。今後が楽しみだ。

3章　トランプの対マスコミ戦争 …… 81

2 偽ニュース攻撃で自滅する米マスコミ

　米国で、大統領選挙が終わると同時に「偽ニュース」（フェイクニュース、fake news）をめぐる騒動が始まっている。ことの発端は、大統領選挙でクリントン支持の政治団体やマスコミが、フェイスブックなど大手ソーシャルメディアが偽ニュースへのリンクを規制しなかったので、クリントンが不正に負けてしまったと（負けおしみ的に）批判したことだ。

　クリントン支持者によると、選挙戦の末期にかけて、クリントンが病気であるかどうかなど、事実無根なことを書いた報道文や報道解説文の体裁をとった偽ニュースのページがウェブ上に出現し、それがフェイスブックなどを通じて猛烈に拡散され、米有権者の中にそれを信じる人が増えた。偽ニュースの多くは、ロシア人や米国人などのトランプ支持者が書いており、選挙不正なのでフェイスブックなどは偽ニュースのページへのリンクを禁じるべきだったのにそれをせず、不正なトランプの勝利を看過したと、クリントン支持勢力が主張している。

　偽ニュースの執筆者は、クリントンを落選させるためでなく、偽ニュースのページに広告をつけ、広告収入を得ることが目的だったという指摘もある。米大統領選挙では、米マスコミのほとんどがクリントン支持で、トランプを誹謗中傷する傾向も強かったため、トランプ支持者はマスコミを信用できなくなり、マスコミ以外のネット上の書き込みなどを情報源として重視した。ソーシャルメディアで誰かが紹介した偽ニュースのページビューは異様に急増し、執筆者は多額の広告収入を得た。

　フェイスブックからリンクされた外部ページの広告からの収入は、外部ページの執筆者とフェイスブックの両方が得る折半方式になっている。偽ニュースはネットでしか読めないため、人々が驚くような内容だと、本物のニュースに比べてクリック数が急増する。偽ニュースは、本数でみると少なくても、クリック数に比例しがちな広告収入が多くなる。選挙期間中のフェイスブックのニュースの閲覧数は、偽ニュースと本物ニュースがほ

ぼ同じで、このためフェイスブックは偽ニュースへのリンクを切らなかったのだと指摘されている。

批判に対してフェイスブックは、偽ニュースと言われるものの中には、その時点で事実かもしれないと思われる情報を含んでいるものが多く、いちがいに「意図的なウソ」と断定してリンクを断絶できないと弁明している。たしかに、クリントン陣営は病気説を「ウソ」と一蹴したが、クリントンは9.11の集会に参加した際に具合が悪くなって退席し、病気説に対する信憑性が高まった。病気説は偽ニュースでなく事実性を含んだ「疑惑」である。疑惑に便乗した「○○に違いない」という言説は多いが、その手の言説はトランプに対する非難中傷の中にも多い。米国のマスコミが発するロシア批判記事の多くも、濡れ衣や誹謗中傷であり、親露・親トランプの文書が偽ニュースなら、反露・反トランプの文書も偽ニュースである。

トランプ当選で台頭する非主流派サイトを攻撃して自己救済するつもりが逆効果になる？

誰が偽ニュースを流しているか、偽ニュースの定義について、当初は曖昧で、ロシアやマケドニアなどの親ロシアな人々が書いているとも言われていた。だがその後、米国の偽ニュース騒ぎは、米国内でマスコミやエスタブリッシュメント、軍産複合体、金融支配などに対する批判を展開している、特に右派の非リベラル、反リベラルな言論人のウェブサイトを標的にするようになった。エスタブ・軍産リベラル系のマスコミや言論人が、言論上の自分たちのライバルに「偽ニュース」のレッテルを貼って非難する動きに変質した。オバマ大統領も、偽ニュース批判を発している。

米マサチューセッツ州のリベラル派の大学教員メリッサ・ジムダースは大統領選挙の直後、人々が信じるべきでない偽ニュースのウェブサイトとして100以上をリストアップして発表した。その多くが、リベラルに対抗する右派のサイトだったため、この発表は大統領選に負けたリベラルが、勝った右派に復讐的な喧嘩を売っているのだとみなされ、右派の言論サイトで話題になった。

さらに、16 年 11 月 24 日には、ワシントン・ポストが大々的な扱いで、ロシア政府系と、親露的な米国右派のニュースサイトが偽ニュースを流しまくった結果、トランプが勝ってしまったと指摘する記事を出した。記事は「専門家たちがこのように指摘している」という体裁で書かれており、その「専門家集団」の一つとして「プロパオアネット（プロパガンダじゃないのか）www.propornot.com」というサイトが引用されている。同サイトは、ロシア・トゥデイ（RT）やスプートニクといった露政府系サイトや、ゼロヘッジ（zerohedge.com）、ロンポール（ronpaulinstitute.org）、ポールクレイグロバーツ（paulcraigroberts.org）、グローバルリサーチ（globalreserch.ca）、ワシントンズブログ（washingtonsblog.com）、infowar.com、veteranstoday.com、activistpost.com といった、主に米国の右派系の著名なニュース解説サイトを、偽ニュースを流しトランプを不正に勝たせたロシアのスパイとみなして列挙している。

　興味深いのは、ワシントン・ポストのこの記事の主張の大きな根拠となっているプロパオアネットが、最近できたばかりの、正体不明なサイトであることだ。記事中で同サイトが発する主張は、すべて匿名で行われている。権威あふれる（笑）ワシントン・ポストが、トップ級の記事で依拠するには、あまりにチンケな、それこそ陰謀系のサイトだ。同サイトがロシアのスパイサイトとして列挙した上記のゼロヘッジやロンポールなどは、以前から的確な指摘や分析を発し続けている。その質はワシントン・ポストや NY タイムズ、WSJ、フィナンシャル・タイムズ（FT）などのような権威あるマスコミと十分に互角か、時によっては、プロパガンダに堕しているマスコミより高度で、非常に参考になる分析をしている。

非主流派のニュースサイトが多くの人に頼りにされる

　ワシントン・ポストや NY タイムズは、イラク侵攻以来、米政府の過激・好戦的な濡れ衣戦争の道具になりすぎ、歪曲報道が増えて、読むに耐えない記事が多くなって久しい。FT も日経の傘下になってから、明らかにプロパガンダな感じの記事が増え、質が落ちている（WSJ は、昔から極右的だが悪化しておらず「レーガン保守」がベースなのでトランプとの

親和性が意外と良く、トランプ中傷記事が少ない感じでわりと良い）。このようにマスコミの質が落ちるほど、上記のゼロヘッジやロンポールなど米国の非主流派のニュースサイトが、多くの人に頼りにされ、必要性が高まっている。

　日本では非主流のニュースサイトがない。日本語のインターネットの有名評論サイトのほとんどが、マスコミと変わらぬプロパガンダ垂れ流しだ。だから日本人はマスコミを軽信するしかなく悲惨に低能だが、米国（など英語圏）にはマスコミを凌駕しうる非主流サイトがけっこうあり、これらを読み続ける人々は、ある程度きちんとした世界観を保持しうる。だから米国は、トランプのような軍産支配を打ち破れる人を大統領に当選させられる。

　RTやスプートニクといった露政府系のニュースサイトは、欧州や中東を中心とする国際情勢について、ワシントン・ポストなどより信頼できる報道をしている。人々は、米マスコミが自滅的に信頼できなくなったので、RTやスプートニク、イラン系のプレスTVなどを見て、的確な情報を得ようとしている。それらをまるごとロシア傀儡の偽ニュースとみなすワシントン・ポストの記事は、ライバルをニセモノ扱いして誹謗中傷することで、歪曲報道の挙句に人々に信用されなくなったワシントン・ポスト自身を有利にしようとする意図が見える。

　しかし、そのライバル潰しで信頼回復を目的にした記事の信憑性を、匿名だらけの怪しいプロパオアネットに依拠してしまったのは、あまりにお粗末で、突っ込みどころが満載だ。ゼロヘッジやロンポールは、さっそく売られた喧嘩を買い、ワシントン・ポストなど主流派マスコミこそ劣悪な偽ニュースだと逆批判している。元下院議員でリバタリアン政治運動の元祖であるロンポールはまた、主流派マスコミによる非主流派メディア・言論人に対する誹謗中傷濡れ衣的な攻撃が今後まだまだ続くとの予測を発している。

　ワシントン・ポストの質の悪い非主流派メディアへの攻撃記事は、すでにマスコミが非主流メディアより信頼の低い弱い立場になってしまってい

ることを示している。マスコミが過激で稚拙なやり方で、ライバルの非主
流派メディアを攻撃し続けるほど、マスコミ自身の信頼がさらに下がり、
知名度が低かった非主流派メディアへの注目度や信頼性を逆に高めてしま
う。

　マスコミ（など軍産）と、軍産マスコミを批判してきた非主流派メディ
ア・言論人との戦いは、ロンポールが言うとおり今後も続きそうだ。だが、
すでに軍産マスコミは、トランプの当選によって、権力から蹴落とされて
いる。トランプと非主流派は、一心同体でない。両者は、米国のテロ戦争
やロシア敵視、NATOや日韓との同盟関係を愚策とみなす点で見解が一
致するが、そこから先は対立事項も多い。

　トランプは、軍産をカネで釣るために軍事費の急増を計画しており、無
用な軍事費増は非主流メディアから批判されている。非主流派は、米連銀
などが進めるバブル膨張による金融システムの延命策に反対しているが、
トランプは財務長官などの要職に米金融界の人間を任命し、バブル膨張策
に反対しそうもない。

　これらの離齬があるものの、トランプはおそらく、マスコミなど軍産を
権力の座から蹴落とし、軍産を冷遇し続けて潰そうとしている。トランプ
政権の今後の8年（たぶん再選される）で、マスコミやNATOなど軍産
は大幅に無力化されるだろう。世界の覇権構造はぐんと多極化する。最終
的に、米国の覇権や軍事費は大幅に減る。多極化へのハードランディング
となる金融バブル再崩壊もおそらく起きる。非主流派の言論人たちが予測
分析してきたような事態を、長期的には、トランプが具現化することにな
る。

　米国で偽ニュースが騒がれ出したのとほぼ同時に、欧州ではドイツのメ
ルケル首相が、ロシア敵視の一環として偽ニュース批判を強めた。欧州議
会は偽ニュースの発信者としてロシアを非難する決議を出した。欧州にお
いて、トランプ陣営は、メルケルと敵対する独AfD、仏ルペンなど、極
右や極左の反EU・反移民・親露な草の根ポピュリスト勢力を支援してい
る。マスコミ（軍産エスタブ）とトランプ系の米国の戦いは欧州に飛び火
し、メルケル（軍産エスタブ）と極右極左との戦いになっている。米国で

は、最終的なトランプ系の勝利がほぼ確実だ。欧州でも、メルケルは17年夏の選挙に向け、どんどん不利になっている。メルケルは、負けそうなので危機感から偽ニュース攻撃を武器として使っている。米国でも欧州でも、偽ニュースを使った喧嘩は、ニュースをめぐる議論でなく、追い込まれたエスタブの最期の反攻・延命策の一つになっている。

3　米大統領選挙の異様さ

　16年米国の大統領選挙をめぐっては、米国のマスコミが異様な態度をとった。それ以前の大統領選挙では、米マスコミ、特に日刊紙や週刊誌の業界で、何割かが民主党候補への支持を表明し、何割かが共和党候補を支持してバランス的な状況になるのが通常だった。たとえば、08年の大統領選挙で、日刊紙のうち296紙がオバマへの支持を表明し、180紙がマケインへの支持を表明した。12年の選挙でも、無数の新聞がオバマとロムニーの2大候補への支持を表明した。

　だが、16年の大統領選の予備選段階では、日刊と週刊を合わせて80紙以上がクリントンを支持したのに対し、トランプへの支持を表明したのはわずか4紙しかなかった。支持したのは、日刊紙ニューヨークポストや、トランプの娘婿が所有する週刊誌ニューヨーク・オブザーバーといった、トランプの地元NYのタブロイド3紙などで、いわゆる大手の「高級紙」は含まれていなかった。

　16年7月の共和党の予備選挙に際しては、ジョン・カシッチへの支持を表明したのが約50紙、マクロ・ルビオを支持したのが約20紙あった。新聞に支持された数でみると、トランプよりも、カシッチやルビオの方が「まともな候補」だ。共和党の予備選で、両者のどちらかが勝っていたら、16年の大統領選挙も従来と同様、無数の新聞が2大候補を支持して競う「常識的」な展開になっていただろう。だが予備選で勝ったのは「泡沫候補」のはずのトランプだった。

3章　トランプの対マスコミ戦争 …… 87

なぜ米マスコミはトランプを敵視したのか。マスコミ自身がよく語っていたことは、トランプは人種差別主義者だから、偏見が強いから、ウソばかり言っているから、といった感じのことだ。トランプは、メキシコからの違法移民の流入を止めることに関して、ラティノ（ヒスパニック系）の怒りをかうようなことを言ったり、テロ対策として米国へのイスラム教徒の移民を禁止せよと言ってムスリムの怒りをかったりしている。

　この手の発言は、大統領選に出馬する前からのトランプの傾向で、トランプはこの手の発言を繰り返しながら、ずっとテレビ番組に出演し続けてきた。彼は、テレビ番組の制作まで手がけている。トランプの発言は、少なくとも米国のテレビの倫理規定に違反していない。テレビの討論番組での受けを狙うような、意図的な問題発言を発するトランプの姿勢は、選挙戦など政界での発言としてどぎついが、マスコミがよってたかって落選させる必要があるほど劣悪であるかどうかは疑問だ。

トランプへの濡れ衣「赤ん坊を追い出した」

　むしろ、マスコミの方が、意図的にトランプに濡れ衣をかけて悪い印象を定着させようとする報道をしてきた。トランプは2016年8月2日、バージニア州で演説した。演説で中国批判を展開中に、聴衆の中で赤ちゃんが泣き出し、泣き止ませようとするがうまくいかずあわてる母親を見て、トランプが「私は赤ちゃんの泣き声が大好きだ。泣き止ませなくていいよ。そのままで大丈夫」という趣旨をおどけて言って聴衆をわかせた。数分後また赤ちゃんが泣き出し、トランプが母子にまた何か冗談を言いそうだと聴衆の目が母子に注がれ、泣き止ませるため会場を出てもいいものか母親が迷った挙句に外に出ることにすると、トランプは「さっきのは冗談。外に行って泣き止ませてもいいよ。私が本当に、赤ちゃんの泣き声の中で演説したがる人だと思ったかい？」と言って、また会場をわかせた。トランプの当日の演説の動画に加え、母親が後日テレビに出て語ったところを総合すると、そんな展開だった。

　母親は後日「トランプは陽気で、演説会はとても楽しかった。会場の

人は皆よくしてくれた」とFOXテレビに出て語っている。しかしこの日のやりとりでトランプが「（子供を泣かしたままにしておいてほしいという私の冗談を信じないで）外に出て行ってもいいよ」（You can get that baby out of here）と母親に呼びかけたのを、いくつものマスコミが「（泣き止まないなら）外に出てくれた方がいい」と言ってトランプが母子を追い出したという話に曲解し「トランプは非人間的」「罪もない母子を演説会場から追い出す心ない奴」と報じた。

　トランプ非難を繰り返す英ガーディアン紙は「だからトランプはダメなんだ」といった「解説記事」まで出した。「ベビーゲート（babygate）」と呼ばれたこの件で、ひとしきりトランプが叩きまくられた後、現場にいた記者たちが後日、真相を書き始めた。母親がテレビに呼ばれて真相を語り「報道はトランプのユーモアを誤解している」と擁護した。トランプが即興で語る言葉は、その場にいる人に感銘を与えるようだが、独自のおどけやひねりがあるため、トランプ敵視のマスコミの意図的な歪曲を受けやすい。だが、マスコミがトランプを叩くほど、演説会場の現場では、これまで軽信していたマスコミのインチキに気づき、トランプを支持し始める人が増えているともいえる。

トランプとクリントンの「ウソ」の違い

　ガーディアン紙などは、トランプの「ウソ」を問題にしていた。演説の中で、クリントンはほとんど間違ったことを言わないが、トランプはしばしば事実と異なる「ウソ」を言う。トランプはウソつきなので大統領になる資格がない。マスコミがトランプを大統領にしたくないと考えるのは当然だ。マスコミは、ウソつきが大統領になることを防ぐという「良いこと」をしている、という論調だ。

　だが、マスコミがトランプの「ウソ」と称するものの多くは「ウソ」というより「数字などの記憶違い」だ。数字の言い間違いは、悪意を持った人から見ると「意図的な誇張」とみなされ「ウソつき」と呼ばれてしまう。米議会など政界は、そのような与野党間の攻撃に満ちている。クリントン

3章　トランプの対マスコミ戦争 …… 89

は、夫のビルが1993年に大統領になって以来、政策立案に関与する大統領夫人、上院議員、国務長官として20年以上、ずっと米政界の上の方で活動していた。だから彼女は、選挙戦で語られるような数字や事実関係の多くが頭に入っており、正確にすらすらと出てくる。

　対照的にトランプは、言論活動の出発点がテレビ討論のスタジオだ。テレビは一過性のメディアなので、発したものが後まで残る活字メディアや、議事録が残る議会での発言、すべての発言が意地悪な政敵の批判にさらされる政界での言論に比べ、数字などの言い間違いに関してかなり寛容だ。発言の正確さより、瞬間的に視聴者に「なるほど」と思わせる発言が重要だ。テレビ業界で発言してきたトランプが、政界で発言してきたクリントンに比べ、数字などの事実性に無頓着なのは当然だ。発言する数字が正確で、差別的と攻撃される言い回しを避ける方が「賢明」だが、トランプはむしろテレビでの気ままな発言スタイルを変えず、有権者に「なるほど」の感覚を与えることを優先し、草の根の支持を伸ばす策を取り、無頓着さをあえて放置している感じだ。それをマスコミが意地悪く「ウソつき」のレッテル貼りに使っていた。

　民主党支持の映画監督マイケル・ムーアは、マスコミから批判され、支持率を落としてもスタイルを変えずに放置しているトランプについて「勝つ気がない」「大統領になるためでなく、選挙で有名になってテレビの出演料を引き上げるために選挙に出ている彼は、勝ったら困るので批判されることをわざと言い続けている」と言った。このムーアの表明に対し、ネットユーザーのコメントとして「ムーア自身も、この発言が象徴するように、気ままで無頓着、無根拠な発言を繰り返しており、トランプとそっくりだ」との混ぜ返しが出た。笑える。

　言い間違い、つまり軽微なウソはトランプがまさったが、もっと政治家っぽい本格的なウソについては、クリントンの方が「健闘」した。クリントンが抱える疑惑の一つは、国務長官時代、政府の専用サーバーで送受信すべき機密文書を含んだ公的なメールを、自分の私的サーバーに転送して送受信する違法行為を行っていたという「メール問題」だった。このほかメール関連では、民主党本部（DNC）の職員のメールボックスが暴露

され、クリントンを勝たせるためにサンダースの選挙運動を妨害していたことなどが発覚した。これらの問題を問われたくないため、クリントンは記者会見を全く開かず、味方してくれそうな記者にだけ個別に取材させるやり方をとった。

　加えてクリントンは政治献金の問題でも、クリントン財団が中国やサウジアラビアなど外国勢から政治献金を受け取っていることの合法性や倫理性が問題になった。マスコミは「クリントン財団はエイズ撲滅など慈善事業をやったが、トランプはあくどい金儲けしかしてこなかった」と歪曲的に報じたが、実際のところ合法性が問われるのは、外国勢力から献金を受け取っているクリントンの方だ。

　クリントンには、健康問題も出ていた。演説や歩行の際に支えが必要な状態が指摘され、パーキンソン病だという話も出た。クリントン陣営は、健康疑惑を「陰謀論」と一蹴し、マスコミもクリントンが望むような論調で報じたが、医療関係者の中からは「陰謀論扱いして逃げるのでなく、超党派の医師団を作ってクリントンの健康を診断し、疑いを正面から晴らすべきだ」という声が出た。

軍産に頼らず人気を得るトランプへの驚愕

　米マスコミがこぞってトランプを敵視し、クリントンを支持した理由として、トランプが「人種差別主義者だから」「ウソつきだから」というのが挙げられているが、これらは正当な理由になっていない。クリントン陣営にも多くの問題があったのに、米マスコミはそれを軽視する不公平な姿勢を続けた。マスコミがトランプを敵視し、不公平にクリントンを支持した理由は何か。私なりの答えは、すでに何度も書いている。「マスコミは、米政界で強い影響力を持つ軍産複合体の傘下にあり、軍産は自分らの言いなりになるクリントンを当選させ、言いなりにならないトランプを落としたいから」というものだ。

　軍産複合体は、米国の世界戦略を牛耳っている。そのことは、米国がロシアやイラクやイランやシリアに濡れ衣をかけて戦争や軍事対立を煽って

3章　トランプの対マスコミ戦争 …… 91

きたことからわかる。米国は、わざわざ不必要な濡れ衣をかけて、イラクやアフガニスタンへの侵攻、イラン核問題、シリア内戦、ウクライナ危機による米露対立激化などを起こしてきた。これらの対立や戦争はすべて、米国民にとっても人類全体にとっても不必要だ。

それなのに米国の政府や議会がわざわざこれらの濡れ衣戦争に足を突っ込みたがるのは、戦争によって権限や儲けが拡大する軍産複合体が、米政府や議会で大きな影響力を持っているから、という説明が説得力がある。そして、濡れ衣を人々に「事実」として信じこませることは、マスコミが歪曲報道をやって協力しないと達成できないことを考えると、マスコミが軍産の一部であるというのも納得がいく。

今回の米大統領選挙で、クリントンはロシアを強く敵視していたし、「シリアでは（軍産が敵として涵養した勢力である）ISISより先にアサド政権を打倒する策に転換する」と明言した。いずれも軍産が強く望んでいることであり、クリントンは軍産の影響力や資金力にあやかって当選を狙う軍産の候補だったとわかる。

対照的にトランプは、ロシアとの敵対を不必要なこととみなし、ロシアと協調して急いでISISを倒すべきだと言った。彼は、ロシア敵視機関であるNATOを「時代遅れ」と言い切り、軍産の利権である在日と在韓の米軍も撤退の方向だと言った。いずれも軍産が最も避けたいことだった。トランプの選挙は、基本的に自己資金なので、資金面でも軍産が入り込むすき間がない。トランプが米大統領になると、軍産は弱体化させられる可能性が高い。軍産が、傘下のマスコミを動員し、全力でトランプの当選を妨害し、クリントンを大統領に据えたいと考えるのは当然だ。

軍産が米政界を支配した戦後の米大統領選は大体、2大政党の候補がいずれも軍産に逆らわず、マスコミは共和党支持と民主党支持にわかれ、それぞれ数十紙以上の日刊紙からの支持を受けつつ選挙を戦い、健全な民主主義が機能しているかのように見えるかたちを4年ごとに作り上げてきた。2大候補のどちらが勝っても、軍産の隠然支配はゆるがなかった。今回も、もし共和党の統一候補がカシッチやルビオになっていたら、いつもと同じ選挙状況だった。しかし、そうはならなかった。トランプが勝つと、軍産

は危機に瀕する。もはや軍産には、健全な民主主義が機能しているかのようなかたちを作っている余裕などない。その結果、マスコミの多くがクリントンを支持し、トランプ支持のマスコミがほとんどないという、なりふりかまわなくなった軍産が作る、前代未聞の異様な事態が起きたのだ。

トランプは、イラク侵攻の失敗以来の軍産の政治力の低下を見て取り、あえて軍産に忠誠を誓わず「あっかんべー」を発しながら、軍産支配のさまざまな弊害にうんざりしている米国民の支持を集める策をとった。トランプは意図的に反軍産の策を取り、マスコミからほとんど支持されなかったのに、草の根の支持だけで、共和党の予備選に圧勝してしまった。この事態は、軍産を驚愕させたはずだ。

背景に軍産の弱体化

とはいえこの事態は、トランプの政治力が異様に強いから起きているのでない。ブッシュやオバマや米議会が、好戦的な覇権主義をやりすぎて失敗した結果、軍産の支配力が潜在的に弱くなっており、トランプはそれに便乗して大成功している。もし今回の選挙でクリントンが勝ち、とりあえず軍産の支配が維持されていたとしても、世界はかなり多極化が進んでおり、米国の国際影響力の低下は今後も続く。

軍産の低落傾向が変わらないので、2020年や2024年の大統領選挙に、トランプの手法を真似た反軍産の強力な第2第3の候補が出てきて、いずれ軍産系の候補を打ち破る。トランプが16年の大統領選に負けていたとしても、米政界のメカニズムを不可逆的に大きく変えていたはずだ。実際には当選し、就任してまだ間もないのに、現時点ですでに米政界のメカニズムを驚くほど変えてしまっている。これぞ米国の民主主義のダイナミズムだ。

そもそも16年の大統領選挙では、早い時期からトランプの勝算がかなり高かった。トランプが、マスコミにさんざん妨害されたのに、16年5月の共和党の予備選で、10人以上の対立候補を破ってきれいに圧勝したことを忘れてはならない。

3章　トランプの対マスコミ戦争 …… 93

米国の世論調査の多くはマスコミ系なので、クリントンに有利、トランプに不利な結果を出し続ける傾向があった。あえてクリントン不利、トランプ有利の方向に歪曲することで、クリントン支持者を頑張らせ、トランプ支持者を慢心させ、結果的にクリントンを優勢にする策もあり得るが、報道の幼稚なトランプ叩き、クリントンびいきの姿勢を見ると、そのような高等戦術はとられていなかった感じだ。

　米大統領選における世論調査の状況は、16年6月の英国のEU離脱投票の時と似ていた。英投票に関して、世論調査は、EU残留派の勝利をずっと予測していたが、最後の2週間になるとゆらぎが大きくなり、土壇場で離脱派優勢に転じる傾向になり、最終的に離脱派が勝った。

4　トランプの就任を何とか阻止したかった

トランプ就任阻止策は、あれもダメこれも失敗

　2016年12月20日の英国インディペンデント紙によると、エジプトのポートサイド市の警察が最近、市内の取り壊し中のビルの敷地を、シリアの東アレッポの激戦地の廃墟に見せかけて、アレッポの子供たちが政府軍に殺されかけているニセの動画を撮影していた5人の男たちを逮捕した。子供たちは、血に見立てた赤い絵の具をかけた服を着せられ、アサドの政府軍の攻撃で殺されるので助けてほしいなどと呼びかける役だった。シリア内戦に関し、政府軍の戦争犯罪を糾弾する動画がユーチューブなどで多数発表され、捏造や無根拠なものも多いと指摘されてきただけに、エジプトでの逮捕が注目された。

　マスコミやフリーランスのカメラや記者は、シリア内戦の現場に入りにくい。入るとテロ組織に誘拐殺害される。テロ組織は、誘拐殺害によって、記者やカメラマンが入ってこないようにしている。その上で、戦場での

人道支援活動を行なっている現地の活動家が、マスコミに現場の状況を報告し、マスコミはその報告を「事実」として報じる。実のところ、現地活動家の多くはテロ組織の一員で、政府軍やロシアがいかに悪くて戦争犯罪をやっているかを誇張捏造して伝えてくる。空爆で倒壊した建物の瓦礫に埋まった市民を救助する「白ヘルメット」が、そうした勢力の一つとして有名になっている。マスコミの多くは、反アサド反ロシアが会社の姿勢なので、誇張捏造はむしろ好都合だ。

米西戦争や「南京大虐殺」以来、戦争報道は、敵方の悪事を捏造誇張するのが役目だ。ジャーナリズムで最も権威あるピューリッツァ賞は、米西戦争の歪曲報道で儲けた新聞経営者ジョセフ・ピューリッツァの遺産をもとに運営されている（世界で最も権威あるコロンビア大のジャーナリズム学科も）。歪曲誇張を最もうまく書けた記者が、最も優秀とみなされる。第二次大戦後のニュルンベルク裁判や東京裁判は、戦時中に連合国のマスコミの優秀な記者たちが腕をふるって書いた歪曲誇張の戦争報道の内容のほとんどを「事実」とみなして戦争犯罪を裁いている。勝てば官軍、負ければ賊軍なのだから当然だ。戦争報道以外の分野でも、権力機構がその事象を政治的に使いたければ大きく報じられるし、その逆なら短信またはボツになる。

戦争報道＝歪曲報道のメカニズムを乱用すると、マスコミの信頼性が落ちるので、権力機構は、ここぞという時しか国家的な歪曲報道体制を敷かない。だが米国では、01年の9.11テロ事件以後、強力な歪曲報道体制が敷かれ、その中で03年の開戦大義捏造のイラク侵攻が挙行された。9.11自体が自作自演的だが、米政府はそれを口実に「テロ組織から戦争を仕掛けられた」と宣言して有事体制に転換した。戦争をつかさどる軍産複合体の権限が大幅に強まった。9.11は軍産による自作自演的な政権奪取策＝クーデターだった。

米国の軍産支配は今日まで続き、オバマは軍産との戦いに苦戦した。当初は外交軍事面だけだった歪曲報道が、08年のリーマン危機以降、経済分野に広がった。景気回復が喧伝されたが、当然ながら米国民は好景気を実感できていない。雇用統計やGDP、株価も歪曲的になった。対米従属

の欧州や日本でも歪曲体制が強化されている。

9.11 から 15 年、軍産主導の歪曲体制の失策続きの行き詰まりや人々の不満が拡大してきたところで、NATO 不要論、対露協調などを打ち出して軍産に楯突くトランプが大統領選に出馬して勝った。軍産の手先であるマスコミは、選挙戦中からトランプを酷評した。世論調査も歪曲されたが、これはトランプ支持者を頑張らせる逆効果となった。トランプは（米上層部のロックフェラーなど親軍産のふりをした反軍産勢力に支援され）、軍産の支配体制を壊し、軍産を蘇生できぬよう潰すために大統領になったと推測できる。

16 年 11 月 9 日のトランプ当選後、軍産との戦いが始まっている。軍産は、負けた民主党、傘下のマスコミと結託し、何とかしてトランプを大統領にさせない自国の「政権転覆」をやろうとした。選挙後まず、トランプ陣営が選挙不正をしたとの主張に基づき、ウィスコンシンなどいくつかの州で再開票が行われたが、選挙結果はどの州でも変わらなかった。むしろ選挙開票の正確さが示された。

再開票を要求したのは、2 大政党以外の小政党の一つ「緑の党」のジル・スタイン党首で、再開票のための資金として一週間で 500 万ドルを集めた。スタインは、今年の大統領選挙に出馬したが、自分の選挙に際して集めた資金は 350 万ドルしかなかった。それよりはるかに多い額を再開票のために集められたのは、ジョージ・ソロスもしくはその他の民主党系・反トランプの大金持ちが、第 3 政党のスタインにカネを渡して再開票を要求させたからと推測されている。

米大統領選挙は間接選挙制で、11 月 8 日の一般選挙で各州が「選挙人」を選出し、12 月 19 日に各州で選挙人が集まって投票し、それを集計して大統領を決める。選挙人は誰に投票するか宣誓しているが、宣誓違反の投票をしても有効だ。民主党の活動家たちは、トランプに入れることを義務づけられている選挙人に接触して翻心させようと説得したが、ほとんど成功しなかった。

トランプ敵視の自滅策をやらされている CIA

　これらと並行して出てきたのが「ロシアがインターネットを使って米大統領選に不正な影響を与える作戦を展開した結果、トランプが勝った。この選挙はロシアの介入によって不正なものになったので無効だ」というCIA などからの主張だ。「ロシアが偽ニュースサイトを使って米国の世論を不正に扇動した」とか「ロシアが、民主党事務局の電子メールの束を盗み出（ハック）し、トランプを優勢にするためにウィキリークスに公表させた」といった主張は、選挙戦中からマスコミやクリントン陣営から繰り返し出ており、CIA はそれを蒸し返した。

　米テレビ局（NBC と ABC）は「米諜報界によると、プーチン大統領自身が、ハッキングなど、米選挙に影響を与えようとする作戦を指揮した」と報じた。だが、こうした報道はすべて匿名の情報源のみに依拠しており、信憑性に欠けている。

　ウクライナのサーバーを攻撃したロシアのハッカーが使ったソフトウェアが、米民主党サーバーへの攻撃でも使われていたので、ロシアが犯人に違いないという説も出たが、同様のソフトウェアはロシアと無関係なハッカーも使っており、根拠が薄い。

　英国の外交官（Craig Murray）は、米民主党のサーバーをハックしてメールの束を盗んだのは、ロシアでなく米政府の信号諜報機関（NSA）の要員であり、自分はその要員と直接会って聞いたと証言している。こうした証言も確定的でないが、一般的にプロの犯行である場合、サーバーへの不正侵入者を確定するのは困難で、確たる証拠がない限り、ロシアが犯人だという主張は、犯罪捜査の分野でなく、トランプを蹴落とそうとする政治分野の主張でしかない。

　CIA など米政府の諜報界（17 機関）は、歴代の米大統領に対して毎日、世界の戦争やテロの状態を誇張して報告（ブリーフィング）し続け、大統領を騙し（洗脳し）て濡れ衣戦争をやらせてきた。オバマは、騙されたふりをして失敗策をやって諜報界（軍産）の思い通りにならないようにして

3章　トランプの対マスコミ戦争 …… 97

きたが、トランプは単に諜報界のブリーフを聞かないという態度をとった（週に一度聞いているらしい）。米大統領は、ブッシュ、オバマ、トランプと、20年がかりで軍産を少しずつ封じ込めている（その間に中東などで数百万人が無意味に殺された）。

　16年12月23日には、トランプとプーチンが、同じ日に「核兵器を強化する」と表明した。双方とも、相手方と何か相談した結果とは言ってないが、2人は連絡を取り合っているようなので、意図的に同じタイミングで核軍拡を表明した可能性が高い。従来は、米国とロシアが敵対しつつ相互に核軍縮していく計画で、好戦的な米政界が軍縮に反対して計画が頓挫するシナリオだったが、今後は、米国とロシアが仲良く核軍拡するという、従来と正反対のシナリオが見えてきた。腕白な男の子2人が「お互いもっと強くなろうぜ」と仲良く言い合っている。米露が仲良しなら核兵器も要らなくなるのに、仲良く核軍拡だという滑稽さ。これは、冷戦型の国際組織だったG7（G8）で米露が仲良くしてしまう見通しと同様、既存の国際政治の枠組みを表向き維持しながら無効にしていく、面白い戦略だ。

CIAと米マスコミは同類

　CIAがトランプに対して自滅的な喧嘩を売らされて潰されていきそうなのと同様に、諜報界と並んで軍産複合体のもう一つの大事な部門である米国のマスコミも、トランプを支持するオルトメディア（草の根的なウェブメディア）との自滅的な戦いをやらされている。

　本章の前段で紹介した「親ロシアなオルトメディアの偽ニュースが不正にトランプを勝たせた」という趣旨の記事を出したワシントン・ポストはその後、この記事について軌道修正するコメントを追加している。この記事は、著名なオルトメディアを「ロシアのスパイ」と非難してリストアップしているウェブサイト「プロパオアネット」を引用するかたちで、オルトメディアを批判したが、ワシントン・ポストは社としてこのリストアップを支持するものでなく、プロパオアネットが勝手にリストアップしたものだと釈明が追加された。リストアップされた著名なオルトメディア群は

多くの人々に愛読されており、それらを無根拠にロシアのスパイと断定非難するプロパオアネットの方がおかしい。天下のワシントン・ポストが何でこんな匿名の正体不明のインチキサイトを大々的に引用するのかという批判がワシントン・ポストに多数寄せられた末の軌道修正らしい。

　この件に関して「プロパオアネットは CIA に支援されたウクライナ極右との関係がある CIA 系のウェブサイトで、以前から CIA との関係が強いワシントン・ポストは、CIA から頼まれてプロパオアネットを大きく取り上げたのだ」という説明が、オルトメディアの分析者から出されている。ワシントン・ポストの記事は「偽ニュース」をめぐる米マスコミとオルトメディアの戦いの火付け役である。オルトメディアは、マスコミから売られた喧嘩を買い、マスコミこそ、イラクの大量破壊兵器保有のウソ、イラン核問題の濡れ衣、シリア内戦をめぐる善悪の歪曲、トランプに対する中傷など、無数の偽ニュースを流してきたじゃないかと言い返している。「お前たちこそ偽ニュースだ」という相互罵倒は、米マスコミの信用を落とすものになっている。オルトメディアは新参だし草の根で権威を持たず、マスコミとの戦いで失うものが少ない。既存の権威に頼っているマスコミの方が、失うものが大きい。トランプをめぐる戦いでは、軍産、諜報界、マスコミ、エスタブリッシュメント（エリート層）といった反トランプ勢力の方が、戦うほど力量（権威や信用）を削がれ、弱くなっていく。

　トランプの側近たちは、マスコミがトランプ敵視を続けるなら、大統領から国民への情報公開をマスコミ経由でなくネット上のストリーミングや SNS 経由で直接に行う傾向を強めると言っている。マスコミがなくても情報摂取に困らないことを米国民が体得すると、マスコミは見捨てられ、弱体化に拍車がかかる。CIA やマスコミが潰れた方が米国と人類のためになり、トランプが言う米国第一主義に合致している。これらは「偶然の動き」でなく、仕組まれた部分がありそうだと私は勘ぐっている。

オバマが残した覇権の空白を、トランプが多極化で埋める

　かつて米中和解によって中国の大国化に道を開いた（隠れ多極主義者

の）ヘンリー・キッシンジャーは、当選後のトランプに何度も会っている。キッシンジャーは「オバマが残した空白をトランプが前代未聞な形に埋めるという組み合わせによって、トランプは、世界に未曾有の衝撃を与え、外交政策において驚くべき業績を残しうる」と表明している。私から見ると、これは「オバマが残した覇権の空白を、トランプが多極化（露中などへの覇権分散）で埋めるという組み合わせで、世界が劇的に転換する」と読める。すでにロシアはこの方向で動きを加速し、ロシア敵視で多極化に抵抗する軍産CIAマスコミは、自滅的に力を失っている。まだ戦いは続いており、キッシンジャーは自分の表明を「必ずそうなるということでなく、特別な可能性にすぎない」とも言っている

2016年12月12日、米国の裁判所が、03年のイラク侵攻の違法性について初めて審議することを決めた。在米イラク人が、ブッシュ元大統領やチェイニー副大統領らを相手に起こしたこの裁判は、14年末の一審判決が、公務員が正当な職務として行った行為を裁くことを禁じた法律に基づいて訴えを門前払いした。だが二審の控訴裁判所は、原告の「イラク侵攻は正当な職務の範囲を逸脱している」という主張を認め、イラク侵攻が国際法と米国内法に違反した戦争犯罪であるかどうかを裁判所が審議することになった。米国の裁判所が自国の戦争の合法性を審議するのは史上初めてだ。

イラク侵攻は、9.11以後の米国の軍産支配を象徴する戦争だ。トランプが当選し、軍産の支配力が急速に低下する中で、この裁判が門前払いにならず審議開始になったことは、偶然の一致でない。この裁判の開始は、キッシンジャーが指摘した、米国と世界の転換の一部である。キッシンジャーの指摘は、可能性から現実に変わりつつある。米マスコミの機能の根幹に位置する戦争加担の歪曲報道性も、いずれ抑止されていくだろう。

5　トランプと諜報機関の戦い

16年12月末、米国の諜報機関群が「ロシア政府がネットのハッキング

によって米大統領選の結果をねじ曲げ、トランプを勝たせた」とする報告書を出した。プーチンの命令で、米民主党本部（DNC）のサーバーから党幹部のメールの束を盗み出し、ウィキリークスにわたして暴露させ、クリントンの評判を落とし、トランプを勝たせたという筋書きだ。諜報界はトランプ当選直後から同様の主張を発し続け、オバマはそれに基づき駐米ロシア大使館員35人をスパイ容疑で追放する対露制裁を発動した。だが、諜報機関やオバマの一連の主張には、明確な根拠が全くない。露政府がトランプ当選を喜んでいるので犯人に違いないとか、ロシアのハッカーがよく使う（だが誰でも簡単に入手できる）プログラム（マルウェア）が使われているので露政府の仕業に違いないとか、屁理屈しか根拠として提示していない。

　米諜報機関の一つNSAはネット上の米国発着の主な通信のすべてを監視保管している。民主党のサーバーを出入りした情報もすべて保管している。NSAは今回の報告書に参加しているが、FBIやCIAよりロシア犯人説に自信がない。NSAが保管する情報の中に、民主党サーバーからネット経由でメールの束が盗み出されたことを示すものがないからだ。メールの束はネット経由の窃盗でなく、民主党内部の誰かがUSBメモリなどで持ち出し、ウィキリークスにリーク（意図的に漏洩）した可能性が高い。

▍クリントンを不利にしたメール暴露はロシアのしわざでなく民主党の内部犯行

　17年1月6日には、CIA、FBI、NSA（信号傍受）という米諜報機関群が50ページの報告書を発表し、「露政府がプーチンの命令で、民主党のサーバーからメールをハックしてウィキリークスに暴露させ、トランプを勝たせた」と、正式に主張し始めた。これに先立ち、オバマは2016年12月29日に駐米ロシア大使館員を追放し、米露間の敵対が劇的に増した。米議会上院軍事委員長のジョン・マケインは「ロシアのハッキングは、米国の重要インフラに対する攻撃であり、戦争行為だ」と宣言し、米露が核戦争寸前であるかのような観が醸し出された。

　しかし、ロシア犯人説を主張する人々は、誰一人として説得力のある具

体的な根拠を示していない。米露の敵対関係から考えて、露政府が米国の公的機関のサーバーに侵入を試みるのは、一般論としてありえる。だが民主党サーバーに露政府が侵入したとする主張には、ろくな根拠が示されていない。無根拠にロシアを犯人扱いし、濡れ衣をかけて戦争だと騒いでいる。かつてイラクに「大量破壊兵器保有」の濡れ衣をかけて侵攻し、イランに「核兵器開発」、シリアに「化学兵器使用」、ロシアに「ウクライナ東部への軍事侵攻」のそれぞれ濡れ衣をかけて経済制裁してきたのと同じ構図だ。濡れ衣はすべて、CIA や国防総省など諜報機関群によって作られている。米諜報界は 9.11 以来、濡れ衣戦争用の「ウソ発生機関」「歪曲捏造諜報機関」である。

　今回のロシア犯人説の報告書を出した諜報機関群のうち、CIA と FBI は報告書に万全の自信を持っているが、NSA は「控えめな（moderate）自信」しか持っていないと報告書に書かれている。NSA は、米国の多くのサーバーを出入りする情報をネット上でコピー（傍受）して保管・分析する諜報機関で、何者かが民主党のサーバーに侵入・窃盗したのなら、その際の信号のやり取りを保管しているはずだ。NSA が控えめな自信しか持っていないことは、NSA が民主党のサーバーに何者かが不正侵入した時の傍受記録を持っていないことを意味している。選挙前の重要な時期に、NSA が民主党サーバーを監視していなかったはずがない。記録の不在は、16 年夏に誰も民主党のサーバーに不正侵入（ハック）していないことを示している。

　その一方で、民主党サーバーにあった幹部のメールの束を、何者かがウィキリークスにわたした（アップロードした）のも事実だ。ウィキリークスが暴露したメールは本物だと米諜報界のトップが認めている。この両者を矛盾なく説明するには「メールの束は、外部からのネット経由の侵入によってでなく、ネットを経由しないかたち、たとえば内部の LAN 経由で USB メモリなどにコピーされて持ち出され、ウィキリークスにアップされた」と考えるのが妥当だ。ロシアのスパイが物理的に民主党本部に忍び込んだという話は出ていないので、可能性として高いのは、民主党内部の何者か（サンダース支持者とか）がクリントンを陥れるため、内部犯行

としてウィキリークスにアップ（リーク）したことだ。ハックでなくリークである可能性が高い。

ロシアハック説は無根拠なのに、マスコミで喧伝されている。米マスコミは、諜報界と結託している。特にワシントン・ポストは今回、でっち上げの根拠に基づくロシア犯人説の報道を繰り返している。ワシントン・ポストは16年の大晦日に「ロシアが米国の電力システムをハックした」とする記事を出したが、すぐにひどい誇張記事だとわかった。本土防衛省（HDS）からの指示で、バーモント州の電力会社が、社内の全コンピュータをウイルススキャンしたところ、電力システムにつながっていない孤立したPCの1台からマルウェアが検出された。そのマルウェアはロシアのハッカーがよく使うものなので、という理由だけで「ロシアが電力システムをハックした」という記事が書かれた。マルウェアは電力システム内で検出されていない、と後から電力会社が発表し、ワシントン・ポストは訂正的な記事を小さく出した。

すでに書いたように、ワシントン・ポストはトランプ当選後、諜報界が作ったと思われる「プロパオアネット」を根拠に「親ロシアなオルトメディアが偽ニュースを流してトランプを勝たせた」とする記事を出し、あとでインチキ性を認めるかのようにプロパオアネットから距離を置く追記を出している。これらから言えるのは、オルトメディアでなく、ワシントン・ポストのような米マスコミこそ「偽ニュース」「マスゴミ」ということだ。

ワシントン・ポストは70年代のウォーターゲート事件で、諜報界からもらった情報でニクソンを批判する記事を出し「悪者」ニクソンを弾劾辞任に追い込んだ「英雄」だった。あれも今考えると、中国と和解し、金ドル交換停止でドルの基軸性を破壊し、次はロシアとの和解をやって米覇権体制を崩し、世界を多極化しようとしたニクソンに対し、米覇権を守りたい軍産諜報界が攻撃をかけて追放した暗闘に加担したのであり、ニクソン＝悪、ワシントン・ポスト（ジャーナリズム）＝善の構図も、暗闘の一環として歪曲されたものだった。ニクソンを追放したせいで冷戦は、次の隠れ多極主義者であるレーガンの登場まで15年延長され、無用な戦争や

3章　トランプの対マスコミ戦争 …… 103

対立が続いた。この構図の中で日本でも、ニクソンに同調して対中和解を進めた田中角栄が「ジャーナリズム」によって攻撃され、倒されている。ジャーナリズムを賛美する人々は、その悪質な善悪歪曲性、政治性に気づいていない軽信者たちだ。

トランプは諜報機関の政治力を削ぎ現業機関に戻す

今回の「サイバー攻撃」をめぐるロシア敵視で重要な点は、敵視がロシアだけでなく、トランプにも向けられていた点だ。米国の軍産・諜報界・マスコミは、自国の大統領に「濡れ衣戦争」を仕掛けてしまった。これは「クーデター」とまでいかなくても「反逆」であり、トランプは1月20日の大統領就任後、本格的な反撃を開始した。トランプと親しい新聞NYポストや、イスラエル諜報系のデブカファイルによると、トランプは諜報機関の大幅な改革を計画している。トランプ陣営は、改革など計画していないと否定しているが、デブカによると、計画は事実だという。改革は、これまで諜報の歪曲や濡れ衣作りに専念してきた米国の各諜報機関の本部機能を大幅に縮小し、代わりに米国内外の現場での情報収集の機能を拡大するという、諜報機関の基本に戻すものだ。トランプ陣営は、諜報界が政治的になりすぎているので現業中心の組織に戻そうとしている。

デブカの記事は、他にも興味深いことを書いている。それは、トランプの側近とプーチンの側近がすでに話し合って決めた米露協調策の内容だ。トランプ就任後、米露が急に仲良くなることはしない。「蜜月状態」を演出せず、合意できる部分で協調しつつも、全体的にはライバル関係を維持する姿勢を相互がとる。まず取り組むのはシリアとイラクの内戦を協力して解決すること、つまりIS退治の進展と、パレスチナ和平だという。米露協調のIS退治は、前から予測されてきたことだ。イスラエルの入植地建設（＝パレスチナ破壊）を支持するトランプがパレスチナ和平というのは奇異だが、米露協調といいつつ実態はロシア（や中国）に任せることならあり得る。

米露がライバル関係を維持するのは、多極型の新世界秩序を形成すると

いう意味だろう。すでに多極型の世界になっているBRICSでは、ロシア、中国、インドなどが、相互に協力する一方で、ライバル関係を維持している。トランプは、米露間の不均衡状態を、均衡状態へと是正する、ともデブカは書いている。BRICSに象徴される多極型世界体制では、それぞれの極の力が均衡し、一つの極だけが強くて他を支配する状態にしない（それにより多極間の談合を維持する）ことが企図されている。デブカによると、プーチンはこれまで何度も米国に対し、合意できる点で協調しようと提案してきた。01年の9.11直後にはブッシュに「テロ戦争」への協力を申し出た。11年にはオバマにリビア安定化策への協力を申し出た。だがいずれも断られている。米国はトランプになって、ようやくまともな対応をしている。

ヘンリー・キッシンジャーは米露和解を仲裁するか

米外交界の大御所（隠れ多極主義者）であるヘンリー・キッシンジャーが、トランプとプーチンの両方と親しいことを利用して、米露和解を仲裁しようとしているという話も最近よく目にする。英インデペンデント紙によると、ロシア軍がウクライナ東部から撤兵し、その見返りとして米国は対露制裁の理由となってきたロシアのクリミア併合を悪事でなく正当な行為と認める（対露制裁を解除する）という交換条件で、米露和解を実現しようとしている。「ロシア軍のウクライナ東部への侵攻」は、米欧マスコミで喧伝されてきたが事実でなく、ウソ発生機関（諜報界）と組んだマスゴミならではの偽ニュースだ。ロシアは最初から侵攻していない、つまりすでに撤兵している。米国が偽ニュースの発信をやめつつ（住民のほとんどがロシア帰属を望んできた）クリミアをロシア領と認めれば、米露和解が達成できる。

外交界も軍産の一部

トランプは、諜報界やマスコミを引き連れた軍産複合体による米国支配の構造を、根底から破壊しようとしている。軍産の傘下には「外交界」もある。外交界は諜報界と非常に近い（ほとんど同一な）存在だ。米国と同

3章　トランプの対マスコミ戦争 …… 105

盟諸国において、外交官はウソ発生装置の一つである。彼らは非常に権威があるが、発言の多くは信用できない（ウソをつく演技が非常にうまく、多くの人が騙される）。トランプは、全世界の各国に駐在していた大使に、大統領に就任する1月20日に辞任して帰国するよう命じた。新たな大使たちの赴任には、米議会上院の承認が必要だ。多くの国で、米国大使が数カ月間空席になる。通常、米大統領の交代に伴う大使の交代は、新大使の議会承認後に行われるので、いきなり全員を辞めさせるトランプのやり方は異例で乱暴だ。

　だが、外交界が軍産の一部であり、トランプが軍産支配を破壊しようとしていること、それからトランプが米覇権体制を崩そうとしていることから考えると、トランプが同盟諸国など各国に米国大使がいない状態を作ることに、戦略的な意図があるとわかる。今後、米国と日欧など同盟諸国との関係が混乱するのは必至だ。しかしそれは、米覇権体制と米国の軍産支配を崩して多極化するための創造的な混乱になる。米国に見切りをつけた国から順番に同盟を外れ、きたるべき多極型世界に対応していく（フィリピンなどが先行、日本は最後部に属する）。

トランプの暗殺は防げるか

　諜報界は、暗殺の実行犯をやらせられるテロリストや過激派をエージェントとして多数持っている。ソ連と和解して冷戦構造（＝軍産支配）を終わらせようとして殺されたケネディの二の舞になる。トランプが殺されると、大統領の地位は副大統領のペンスが継承するが、ペンスはもともと軍産系だ。ケネディが殺されてジョンソン副大統領が昇格し、軍産の言いなりでベトナム戦争を泥沼化したように、ペンスが昇格したら米国は濡れ衣戦争三昧に逆戻りする（泥沼化して数年後に覇権崩壊するだろうが）。

　諜報界の側では、トランプの顧問をしていたジェームズ・ウールジー元CIA長官が、独自の発案で諜報界とトランプを和解させようとした。ウールジーは17年1月3日に「ロシアだけでなく、中国やイランも米国をサイバー攻撃している。事態は複雑で、一筋縄でない」と発言した。同時に、

トランプの顧問を辞めるとも発表した。この意味するところは「トランプの対露和解を妨害しないよう、諜報界は中国やイランへの敵視を強める（トランプは中イラン敵視姿勢だ）。その代わりトランプは諜報界を破壊しない、という交換条件でどうだ」という提案と読める。ウールジーは、トランプの顧問を辞めてみせることで、諜報界の味方であることを示そうとしたのだろう。しかしおそらく、この独自案も、オバマが諜報界のロシア敵視を扇動する力にはかなわない。

　諜報界や軍産は、実態が不明だが、これまでの歴史から考えて、彼らが戦後の米国覇権を支配してきたのは確かだ。トランプは、彼らを破壊しようとしている。これまで多くの大統領が彼らと格闘してきた。トランプは、その集大成をやろうとしている。それが成功失敗どちらになっても、世界は今後の数年間、トランプと軍産の戦いを軸に激動する。17年は戦後最大の政治激動の１年になるとユーラシアグループが予測している。マスコミは、トランプと軍産の戦いについてをほとんど（日本では全く）報じないだろうが、米国などのオルトメディアを読めば、ある程度のことはわかりそうだ。今後も私の記事は、この暗闘や、その結果進む多極化など、世の中の一般常識からかけ離れた分析を繰り返すことになる。

4章　ロシア・中国との関係はどうなる

1　トランプとロシア・中国

　米大統領選挙でトランプが勝った後、トランプ政権がとる世界戦略について、さまざまな分析や憶測、期待や批判が飛び交っている。トランプは選挙戦で、世界戦略や国際情勢への認識に関して、今までの米政界の常識に沿わないことや、オバマ政権がやってきたことを全否定することをいくつも言った。大統領に就任した後も、各方面に対するトランプ自身の姿勢には、あまりブレがない。

　だが、トランプが協調してやっていかねばならない米政界の与党共和党や、トランプの仇敵だが談合や相互譲歩もありうる軍産複合体との関係に引きずられて、やむなくトランプが表向きの姿勢や言い方を変えたり、やりたい戦略を先延ばしにしている部分が、就任後に出てきた。ロシアとの関係は、その最たるものだ。ロシアとの関係性について、トランプの姿勢は、一貫して「ロシアとの敵対は不必要」「ロシア敵視はNATOを存続させるために続けられており、ロシア敵視策とNATOの両方が不要だ」というものだ。

　このトランプの対露姿勢は正しい。冷戦後ずっと、ロシア敵視とNATOの両方が不必要な事態が続いてきたが、米国中枢でそれをきちんと表明した人はほとんどいない（共和党のリバタリアン系、小さな政府主義者たちぐらいだ）。冷戦後の大統領が誰も指摘しなかったロシア敵視不要説をトランプが堂々と述べ続け、米国の最高権力者である大統領にまでなってしまったので、NATOつまりロシア敵視策の利権や覇権性で食っ

4章　ロシア・中国との関係はどうなる …… *109*

てきた軍産複合体は、驚愕し、トランプに何とか対露和解やNATO離脱を撤回させようと動いている。トランプの重要側近だった安保担当補佐官のマイケル・フリンは、軍産からの反撃の犠牲となり、17年2月中旬に辞任させられた。

トランプ自身はロシア敵視策とNATOをやめたいと考え続けているが、軍産の反撃をかわすため、トランプ政権が発する発言や政策は、フリン辞任の前あたりから、ロシア敵視策とNATOを維持する方向に変質している。

しかし、トランプ政権の対露姿勢の根幹はおそらく変わっていない。軍産の反撃が一段落することがあれば、トランプは対露和解を具体化するだろう。対露和解は、軍産の利権であるNATOの衰退につながるので、トランプに対する軍産の反撃はずっと続くだろう。トランプと軍産は、どちらが潰れるまで続く「果し合い」の決闘をしていることになる。

米国の対露戦略は、トランプが望んでも、軍産の妨害があるため、なかなか和解的な方向に進まない。だが現実の世界では、米国の覇権が国力の浪費（無駄なテロ戦争、無駄な金融延命策など）によって低下しているため、ロシアが米国の協力を得られなくても中東などでやりたいようにやれるようになっている。

米国（軍産）は中東を永久に不安定にする「永遠のテロ戦争」の戦略をとってきたが、ロシアの中東戦略はもっと安定的、合理的で前向きだ。対米従属なマスコミの歪曲報道のせいで、日本人は「米国＝善、ロシア＝悪」の図式で洗脳されているが、実際には、少なくとも中東においては、正反対の「米国＝悪、ロシア＝善」である。

シリアでは、トランプ当選を受けて、ロシア軍がアレッポをテロリスト（IS、ヌスラ戦線＝アルカイダ）から奪還するのを拙速にやるのをやめると宣言した。アレッポ奪還を急いでいたのは、クリントンが大統領になって米軍がシリアに介入してくる懸念があったからだと露軍は言っている。トランプは、シリアに派兵せず、ロシアに任せるので、露軍としては、急いで攻撃して市民の犠牲を増やすより、攻撃と停戦を繰り返し、テロリストの戦意が低下し、市民が市外に避難するのを待った方が良い。

トランプ陣営は当選後、大統領に就任したら、オバマ政権がやってきたシリアの穏健派反政府勢力への武器支援をやめると発表した。「穏健派反政府勢力」なるものが本当にいるのかどうか、どんな勢力なのかわからないからだという。これは全く正しい判断だ。シリアにはすでに穏健派の反政府勢力などいない。とっくにISヌスラに吸収されている。米国が支援した武器は、すべて過激派のISやヌスラにわたっている。アルカイダに武器を渡すのは完全に違法だが、国防総省やマスコミ、クリントン陣営など好戦派（軍産複合体）は、アサドを倒すためにISヌスラをこっそり支援するのが良いと考えてきた。米国自身が「テロ支援国家」だった。アサドが倒れてISヌスラの「政権」になったら、シリアはリビアのように無法で恒久分裂し、国家の体をなさなくなる。ひどい状態だが、軍産自身の権益だけは拡大する。

　トランプは軍産の傀儡でないので、事実上のISヌスラ支援である、穏健派反政府勢力への武器支援をやめることにした。米国からの武器支援が途絶えると、アレッポのISヌスラは弱体化し、露軍やシリア政府軍にやられ放題になる。ISヌスラはこれまで強かったので、その強さに惹かれて欧州やイスラム世界から無数の義勇兵が集まった。露軍にやられ放題の弱っちいテロ組織に入りたい若者は少ない。トランプ政権になると、ISヌスラは人材も武器も得られなくなり、露シリア軍は戦いやすくなる。

　シリアに関して、米国は軍産を利するウソをつくのをやめて、テロリスト退治を進めるロシアに協力する姿勢を強めている。トランプ政権になって、この方向の動きが加速することはあっても、逆流することはない。

明確な対露戦略と対照的に曖昧な対中戦略

　トランプ自身の姿勢が一貫しており、明確な協調方向の動きが感じられるロシアとの関係と対照的に、選挙戦におけるトランプの発言が少なく、協調なのか敵対なのかわからないのが、中国に対する戦略だ。

　選挙戦でトランプが発した中国に関する発言の主なものは、米国の産業を中国の輸入品から守るために「中国からの輸入品に45％の関税をかけ

4章　ロシア・中国との関係はどうなる …… *111*

る」という政策だ。これは現実的でないと見なされることが多い。米国が中国からの輸入品に懲罰的な高関税をかけると、ほぼ確実に、中国も米国からの輸入品に報復的な高関税をかけ、米中間の貿易全体が大打撃を受ける。しかも、中国から米国への輸入品の３割は「加工貿易」で、日本や韓国、台湾などが中国に部品を輸出し、中国で加工組み立てをして米国に輸出したものだ。中国からの輸入品に高関税をかけると、この部分に関して、米国の同盟国である日韓台が被害を受ける。経済関係は非常に国際化しており、中国にだけ打撃を与えることは難しい。

　米中間の経済に関してトランプは、中国政府が人民元の為替を不正操作していると言い続けている。トランプは経済人なので、経済問題は最終的に損得で考えるはずだという分析が多い。損得で考えるなら、一時的に中国と対立しても、交渉して譲歩を得て妥結させた方が良い。そして、話が損得で終わらない安全保障や軍事に関しては、中国に関し、トランプは政策的なものをほとんど発言していない。空母を南シナ海に差し向けたことが、トランプの中国敵視の政策として報じられたが、空母を一時的にどこに配備するかは本質的な政策でない。見掛け倒しな喧伝に騙されてはいけない。

　トランプは選挙戦で、米軍駐留費を十分に負担しない同盟諸国を非難し、日本や韓国、ドイツやサウジアラビアなどの同盟国が100％の費用負担をしない限り、これらの国に駐留する米軍を撤退すると述べている。2016年春には、米軍に撤退された日韓が核武装するならそれも認めると発言した。これは、西太平洋（グアム以西）と極東地域を米国の影響圏（覇権下）から外すことを意味し、米国が抜けた覇権の空白を中国が埋める動きにつながり、中国の覇権拡大をうながしている。日韓が核武装すると複雑でやっかいな事態だが、長期的に中国覇権の拡大になる可能性が高い。

　大統領就任後のトランプ政権は、安倍首相の訪米を受け入れ、尖閣諸島を日米安保条約の枠内であると宣言した。日本政府は「これでトランプ政権になっても日米同盟が維持できることが確認された」と喜んでいる。しかし、トランプは同時に「日本が中国との敵対の最前線に立ってほしい」と安倍を激励鼓舞している。これは「米国に頼らず、日本が自力で中国と

敵対してほしい」というメッセージにも読める。

　日本は東シナ海だけでなく、南シナ海にも出て行って中国と対決してほしい（そのために日本は防衛費を急増してほしい）というのが、何年か前からのオバマ政権の姿勢でもあった。日本が自力で中国と対峙している限り、米国はそれを支持するが、日本が米国を巻き込んで中国と戦おうとすると、米国はそれを拒否して尖閣諸島を日米安保条約に含めない態度をとるかもしれない。日本は一定以上の対米従属をやれなくなっている。この傾向は冷戦後、一貫して少しずつ強まっている。

　日米と米中の関係をめぐっては、トランプがTPPを破棄すると繰り返し述べていることも、日本にマイナスで中国にプラスだ。日本政府はTPPを、日米協調による中国包囲網の強化策と考えている。トランプが当選したとたんに、中国は、TPPに対抗して推進してきた中国とアジア諸国（中国＋ ASEAN ＋日韓豪 NZ 印）による貿易協定である RCEP（東アジア包括経済連携）の締結を推進する姿勢を強めている。トランプのTPP廃止論は、中国を力づけている。

トランプはいずれ日韓の対米従属を突き放す

　トランプは当選後すぐ、韓国の朴槿恵大統領との電話で、在韓米軍の駐留を継続する意志を伝えた。トランプは安倍を鼓舞し、朴を安心させている。トランプ政権になってすぐに米軍が日韓から撤退し始める展開はない。だがトランプは「米国は、無理をして全世界を主導してきたが、もうその必要はない。世界のことより米国のことを優先すべきだ」という持論を変えていない。トランプが、クリントンら既存の米国の指導層（政界、マスコミ）と大きく異なっているはこの点だ。既存指導層の全体的な特徴は「米国は、大きなコストをかけても世界を主導せねばならない。世界を民主化、世俗リベラル化、自由市場化し続け、人権や環境の重視を世界に守らせねばならない」と考えてきたことだ。この「理想主義」的な基本理念に賛成しない者は指導層（エリート）に入れない。「世界より米国を優先すべき」と主張する「米国第一主義」の勢力（リバタリアン、孤立主義な

4章　ロシア・中国との関係はどうなる …… *113*

ど）は、主に共和党にいたが、彼らは非主流派だった。

　イラクに大量破壊兵器がないのにあることにして侵攻して無茶苦茶にしたイラク戦争に象徴されるように、米エリートの理想主義は、状況分析を歪曲し、善悪を不正に操作しており、偽善的だ。トランプは、このインチキな理想主義を嫌い、現実主義（リアリスト）の立場をとって、米国第一主義の理念を選挙戦で掲げてきた。当然ながら、米国の指導層は、掟破りのトランプの当選を全力で阻止した。だが、エリートの思惑など関係ない草の根の人々はトランプを支持し、当選させた。

トランプの地球温暖化対策全廃

　温暖化問題もひとつの象徴だ。地球は本当に温暖化しているのか、たとえ温暖化していたとしても温室効果ガスが原因なのか、たとえ温室効果ガスが原因だとしてもその増加は人為が原因なのか、これらがすべて不確定なままで、英国の権威ある学者たちが歪曲や捏造によってこれらが確定したかのようなウソを形成してきたことが暴露されているのに、いまだにエリートは「地球は人為のせいで温暖化している。温室効果ガスの排出規制が必要だ」と言い続け、そのように言わないとエリート（学のある人）とみなされない。

　近年、オバマ政権など米国の指導層は、温暖化対策の主導役を欧州でなく中国に任せるように仕向け、中国が主導する新興諸国・発展途上諸国が、温暖化対策の構図によって儲かる（先進諸国から資金を巻き上げられる）ようにしてやった。これに対してトランプは「地球温暖化などインチキだ」と明言しつつ当選し、当選後も温暖化対策の政策全廃を掲げている。トランプは、エリートが作り出したインチキ構造を破壊しようとしている。当然ながら中国は、温暖化問題でトランプを批判している。

　このようにトランプは、米国と世界のエリート層が構築維持しているウソの多い体制を支持・容認せず、ウソをウソと明言しつつ当選した。エリート的な価値観が浸透している大都会はクリントン支持が多かったが、その他の地域（農村、山岳地帯、地方の町、田舎）ではトランプ支持が多かった。学のある（十分に洗脳されている）人はクリントンに入れ、学が

ない（あまり洗脳されていない）人はトランプに入れた。エリートの価値観が席巻する政界や財界、報道界や学術界の人々は、トランプ勝利など容認できないし、我慢できない。だが、彼らが信奉する民主主義に基づいて、トランプが勝ってしまった。

トランプと既存指導層との対立

そうした構造のうえに、米国覇権の運営に関する、トランプと既存指導層の対立や食い違いがある。現状の米単独覇権体制は、エリート（の一部である軍産複合体）の都合で、米国に無理な負担を強いている。トランプはそう考えて、米国の覇権（世界主導、世界支配）を放棄する、覇権の一部は残しても、米国の得にならない部分は放棄する可能性が高い。すでに中東でトランプは、米国（と現地の人々）の得にならないアサド政権の転覆計画を放棄し、シリアのテロ退治や安定化をロシアやイランに任せようとしている。NATOの存続基盤の価値観であるロシア敵視も、米国の得にならないのでやめようとしている。

トランプが、ロシア敵視を不合理だとしてやめようとしている一方で、中国敵視を合理的と考えて続けるということがあるだろうか。米中関係は、米露関係よりも、はるかに経済や金儲けが絡んでいる。ロシア敵視をやめるのがトランプにとって自然な目標だとしたら、中国敵視をやめるのも自然な目標であるはずだ。米国が中国敵視を続けないなら、中国敵視を前提の価値観として維持されている日韓への米軍駐留や、日韓の対米従属に対する支持・支援も、米国がやめていくことの中に入る。就任直後のトランプは、日韓の対米従属を支持・賞賛しても、それがずっと続くとは考えにくい。

在韓米軍の撤退には、米韓と北朝鮮との間の緊張緩和が必須だ。ある程度の米朝対話をして、朝鮮戦争を公式に停戦してからでないと、在韓米軍を撤退できない。トランプは、任期の4年間のどこかで北朝鮮問題に取り組む可能性がある。

グレイ＆ナバロの中国敵視戦略

　投票日直前の 16 年 11 月 7 日に、トランプの顧問であるグレイとナバロという 2 人（Alexander Gray、Peter Navarro）が、フォーリンポリシー誌に、中国やアジア太平洋地域に対するトランプ政権の戦略の原形といえそうな論文を発表した。論文は、トランプ政権がレーガン政権がソ連を倒す（と言って最終的に対ソ和解する）ために掲げた「（軍事）力による和平」の戦略を踏襲することを標榜し、軍艦の大幅増強によって中国軍に対抗すると書いている。論文はまた、オバマやクリントンがやってきた軍事の中国包囲網（アジアピボット）や、中国はずしの貿易圏構想である TPP を、弱くて失敗した政策と批判している。

　この論文を書いた 2 人は、防衛と経済に関するトランプの主要な政策顧問で、論文からは、トランプがオバマよりも強く中国を敵視する戦略をとることがうかがえる。この論文と、トランプの安倍に対する称賛的な態度からは、トランプ政権が、対米従属の日本と組んで、軍事面で中国敵視策を強化しそうだという結論を導き出せる。何のことはない、アジア政策に関してトランプは、クリントンと大して変わらない「軍産複合体」系の大統領だということになる。

　しかし本当にそうなのだろうか。私の大きな疑問は、もしトランプが軍産複合体の利益に沿った政策をやるつもりなら、なぜ選挙戦であれほど軍産に反逆する日米同盟や NATO に対する軽視・反感を示し、軍産やその傘下のマスコミに敵視中傷されつつ当選するという困難な道をわざわざ選んだのか、ということだ。トランプは政治の素人だったので戦略の選択が下手だった、という解釈は多分間違いだ。戦略が下手なら、政治のプロであるクリントン陣営に勝てない。

　軍産の意向を無視して当選した大統領は、軍産が創生された第二次大戦以来、トランプが初めてだ（ケネディは選挙戦でバリバリの軍産で、当選後に翻身したので殺された）。軍産独裁体制に、草の根民主主義の力で立ち向かって勝ったのがトランプの特長であり、今の米国政治のダイナミズムだ。トランプの本当の戦略は、選挙戦で見せた日米同盟や NATO を解体してやるという反軍産的な方向であり、当選後に見せている安倍への称

賛や軍事面の中国敵視論の方が「目くらまし」だろうと私は感じている。

中国が日韓の対米従属を認めるなら、米国は中国の台頭を容認する

しかし、このような考えは証拠がない、という人がいるだろう。そう思ってつらつらネットを見ていると、驚くべき「証拠」が見つかった。それは、トランプの国際政治顧問であるジェームズ・ウールジー元CIA長官が、米大統領選の結果が出た翌日の11月10日に香港のサウスチャイナ・モーニングポストに出した「中国がアジアの現秩序に挑戦しない限り、トランプの米国は中国の台頭を容認する」と題する論文だ。

この論文の題名が意味するところは「中国は、日韓の対米従属を容認せよ。東南アジア諸国や豪州を無理に中国側に引き入れず、米国と中国の両方と仲良くしようとするのを受け入れよ。中国がそれらのアジアの現在の国際政治秩序を守るなら、トランプの米国は、中国の一党独裁や非民主制を批判しないし、中国が世界の中で台頭していくことを容認する。この交換条件は明文化されず、不文律として具現化される」というものだ。中国は以前から、日韓や東南アジアの対米従属的な側面を容認している。中国にとって、この不文律を守ることは難しくない。米国が中国に内政干渉せず、台頭を容認することの方が新しい部分だ。

ウールジーは、中国がアジアの現秩序を守るなら、トランプの米国は、中国に内政干渉しないだけでなく、中国が作った国際銀行であるAIIB（アジアインフラ投資銀行）に参加したり、中国のユーラシア広域の国際インフラ投資計画である「一帯一路」計画に協力するだろうと示唆している。また、国連の平和維持軍の主導役を、米欧でなく中国が担当することにも言及している。

この論文の筆者のウールジーは、9.11テロ事件の直後に「テロ戦争は（米ソ冷戦と同じ長さの）40年続く」と発言した人だ。彼の当時の発言は私に、9.11が軍産による「第2冷戦」開始のクーデター的な権力剥奪策であると気づかせてくれた。「エシュロン」の存在を米諜報界で初めて認めたのもウールジーだった。彼は、私にとって、米国内で行われている世界

4章　ロシア・中国との関係はどうなる …… *117*

戦略の本質を暴露してくれる人だ。だから私から見ると、今回の論文も、トランプの対中戦略の本質が語られている可能性が十分あると感じられる。

　ウールジーはタカ派で、好戦的な共和党のマケイン上院議員の顧問でもあり、軍産傀儡あるいはネオコンの一味とみられてきた。反軍産であるトランプが９月にウールジーを外交顧問の一人として迎え入れたのは意外だったが、ネオコンが軍産の好戦策を過激にやりすぎて失敗させ、軍産を破綻に導いて中露などの台頭を引き出す「隠れ多極主義者」と疑われることを考えると、それもありうる感じだ。今回のウールジーによるトランプの対中戦略の暴露は、ウールジーのような好戦派・ネオコンが、隠れ多極主義者であることをあらためて思わせる。トランプ当選後、ネオコンの頭目であるロバート・ケーガンが、トランプによる多極化を肯定する感じの論文をFTに書いている。

トランプの大規模なインフラ投資策と中国

　トランプが中国のAIIBや一帯一路戦略と協調しようとする理由は多分、トランプが米国の大々的なインフラ整備をやろうとしていることと関係している。トランプの大規模インフラ投資策が、米国の資金と技術だけで行われるなら、中国は関係ない。だが現実を見ると、米政府はすでにかなり高水準（GDPと同規模程度）な財政赤字を抱えており、財政赤字を増やすことを禁じる法律もある。財政赤字増大に最も強く反対しているのは共和党（小さな政府主義）で、トランプ政権の与党であるが、説得はかなり難しい。米企業は長いこと国内インフラの大規模整備を手がけておらず、経験が錆びついており、すぐに高水準の技術を出せない。米国内の資金と技術だけで大規模なインフラ整備をやるのは困難が多い。

　ここでビジネスマンのトランプは「どこかの外国勢に資金と技術を頼むのはどうか」と考えうる。日本の新幹線などがまず浮かぶが、日本に頼むとコストが高すぎる。コストが安く、巨額な投資金も得られるのは、中国だ。中国勢はユーラシア大陸で新幹線や高速道路を何千キロも建設し、米州でも、かつて米国が作ったパナマ運河の改修工事などを手がけている。AIIBは「アジア」インフラ開発銀行だが、米国の隣のカナダはすでに加

118

盟している。米国が簡単な交換条件を設けて中国を譲歩させたことにして中国敵視をやめれば、AIIBに加盟して、中国の資金や技術で、米国の鉄道網や高速道路を整備してもらうことができる。

トランプ政権の国内インフラ整備計画は、カナダと同じモデルをやる可能性がある。カナダの中道左派・自由党のトルドー政権は最近、新たな政府系金融機関として「インフラ開発銀行」を設立し、そこに民間からの投融資を集めてインフラ整備事業を進めることを決めた。カナダ政府のインフラ銀行は、中国が作ったAIIBのシステムをモデルとしている。この流れの中で、カナダは今夏、北米3カ国の中で初めてAIIBに加盟した。カナダは、中国がAIIBで作ったインフラ投融資システムを導入した。

しばらく前まで、欧米先進国の投融資システムを導入していた中国が、今や逆に、欧米先進国の一つであるカナダが、中国の投融資システムを導入している。これは画期的だ。中国が、インフラ開発の投融資システムにおいて世界を主導する時代が来ていることを示している。アジアのインフラ開発に投融資する国際金融機関としては、日本が主導するアジア開発銀行（ADB）が先行して存在する。だが、中国がAIIBを創設した後、ADBの影が薄くなっている。

トランプが米国のインフラ開発でカナダのモデルを使うと、この傾向がさらに強まる。トランプは、カナダと似たようなインフラ開発銀行の創設を検討している。インフラ銀行に関して米国では、カナダの与党と思想信条が近い民主党のクリントン陣営が、先に選挙戦の中で「当選したらインフラ銀行を作ってインフラ整備する」と表明していた。当時トランプは「そんなもの作っても政治家に食い物にされるだけだぜ」と酷評・拒絶していた。だがトランプは当選後、態度を大転換し、カナダ式（というより中国式）のインフラ銀行の創設を検討している。この方式を実際にやるなら、トランプはカナダ同様、AIIBに加盟する可能性が高くなる。

米国のAIIB加入の可能性

米国は、トランプ政権になる前、オバマ政権の間に、AIIBに加盟するかもしれない。8月にカナダがAIIBへの加盟を決めた後、オバマの複数

の側近たちが、米国が AIIB に加盟しなかったのは間違っていたと表明するようになっている。AIIB の中国人総裁が、そのように指摘している。中国政府は、米国の AIIB 加盟を歓迎するコメントを出している。米国が加盟すると、AIIB に入っていない主要国は日本だけになって孤立する。米国が加盟を内定したら、日本も手のひらを返して加盟申請するだろう。クリントンが勝ちそうならクリントンに尻尾を振る。トランプが勝ったら豹変してトランプを礼賛する。米国が AIIB に入るなら日本も入る。何の主体性もない。アジアの主導権を中国に持って行かれるのは当然だ。

トランプの TPP 離脱は中国の台頭を誘発し、日本をへこます策

　上記のように、トランプ当選後に側近が書いた中国戦略の論文として、中国敵視・台頭阻止策を掲げるグレイ＆ナバロ論文と、中国台頭容認・米中対立回避を掲げるウールジー論文が、正反対の姿勢を示している。ここでまた、どちらが正しいのか、どちらかは目くらましなのか、どっちもやるつもりなのか、といった話になる。しかし、これらの論文以外の動きとして、トランプが大統領就任の初日のうちに確実にやると言っていることの筆頭に「TPP からの離脱」が入っているのを見ると、中国の台頭を阻止でなく容認するのがトランプの真の政策だろうと感じられる。

中国主導の RCEP の稼働
　トランプ当選直後の先日に行われたペルーでの APEC サミットで、中国の習近平主席は、日米主導の TPP に対抗する中国主導の自由貿易圏 RCEP（東アジア地域包括的経済提携、ASEAN ＋中日韓＋豪 NZ 印）を各国に売り込んだ。習近平は、中国市場を外国企業に開放するので多くの国が RCEP に入ってほしい、そうすればアジア太平洋地域が世界経済の牽引役になれる、と演説した。オーストラリアの首相は、トランプ当選で TPP が破棄される中で RCEP に期待すると表明した。
　中国が外されている TPP が稼働するなら、それは日本を筆頭とするアジア太平洋の対米従属諸国が、米国の言いなりになる貿易体制を維持して

いくことを意味していた。対照的に、トランプがTPPを破棄するとともに、米国が入っていない中国主導のRCEPが稼働すると、それは中国がアジア太平洋の貿易体制の主導役になり、米国は切り離されて孤立主義に入り、日本も孤立することを意味する。トランプがTPPを破棄することは、アジア太平洋の貿易体制の主導役が中国に取って代わられることを意味し、中国の台頭と日米の孤立を意味する。TPP破棄はトランプの「中国支援策」「対日妨害策」である。

トランプは選挙中に、中国からの輸入品に対して懲罰的な高関税をかけると繰り返し表明したが、トランプが槍玉に挙げるのは中国だけでなく、日本も同罪にされることが多かった。米国の貿易戦争による中国敵視は、往々にして日本敵視に拡大されるので、日本にとって都合の良い策でない。

このように、どうもトランプ政権の対中政策の本質は、台頭阻止でなく台頭容認ないし台頭誘発になりそうだ。表向き敵視を掲げつつ、実質として台頭の誘発・容認をやるかもしれない。もっと進んで、ウールジー論文が示すような、中国がアジアの現状（日韓の対米従属など）を容認するなら、米国は中国敵視をやめる場合、それは日韓（韓国は対中宥和なので、実質的に日本）にとって中国が「敵」でなくなることをも意味する。日本は中国を、対米従属のための仮想敵と見なすことができなくなる。中国が敵でないなら、対中防衛のために米軍が沖縄に駐留している必要もなくなる。在日米軍の撤退に道が開ける。

すでにトランプ当選と前後して、在日・在韓米軍の撤退傾向を見越したかのような、日韓の軍事協調（北朝鮮情報の共有）を始める動きが加速している。トランプ政権下で日本が対米従属を続けられず、自立を迫られるころには、アジアの主導役は中国になり、日本は中国よりかなり格の低い国になっている。

ヒュー・ホワイトの指摘——米国のアジア覇権縮小の可能性

オーストラリアでは、以前から米国のアジア覇権縮小の可能性を指摘してきた国際政治学者のヒュー・ホワイト（Hugh White）が、トランプ当選の直後「豪州は、米国抜きのアジアに備える必要がある」という分

4章　ロシア・中国との関係はどうなる …… *121*

析・主張を発表している。「オバマ政権の南シナ海紛争を使った中国敵視策（アジア・ピボット戦略）は国務長官だったクリントンの策だ」と指摘しつつ「ピボット戦略は、米国が少し軍事的な仕草をするだけで中国がひるんで譲歩するという間違った予測に基づき、逆に南シナ海における中国の軍事台頭を招いて失敗した」「クリントンが勝っていたら、失敗したピボット戦略を軟着陸させようとしただろうが、トランプはそれに頓着せず、米国のアジア覇権の早い崩壊を容認しそうだ」と分析している。

　ホワイトはその上で「米国がアジアからいなくなっても、残された豪州が中国の同盟国になることはない」と現実論を述べ「同盟関係でないなら、どんな豪中関係が良いのか、今のうちに考える必要がある」と説いている。「トランプが選挙で勝つはずがないと言っていた人々は今、トランプになったからといって米国がアジア覇権を捨てるわけがないと言い出し、予測外れを何度も繰り返そうとしている」とも言っている。いつもながら、ホワイトのような豪州のエリートは、日本のエリートより洞察力や先見性がある。

2　見えてきたトランプの対中国戦略

ブランスタッドを中国大使に任命

　トランプは大統領就任前の16年末、駐中国大使に、アイオワ州知事のテリー・ブランスタッドを任命すると決めた。ブランスタッドは、これまで2回、合計23年間もアイオワ州知事をつとめている（米史上最長）。最初に知事になってから2年後の1985年、中国からアイオワに、農村家庭にホームステイして農業技術を研修する訪問団が来たが、その中に当時31歳で河北省の役人だった習近平が含まれていた。習近平にとって、これが人生で初めての、米国人と親しく付き合った経験だった。ブランスタッドはその後、知事などとして何度か訪中し、習近平とも親しい関係を続け、大豆や豚肉など、アイオワ州の主要産業である農業の生産物を、中

国に大量輸出することに道を開いた。

　ブランスタッドは「親中派」で、人権や民主、環境など、中国を批判する米国人が言いたがる分野の発言を発しないようにしている。同時にブランスタッドは、トランプが選挙活動を始めた初期からのトランプ支持者で、彼の息子のエリックは、アイオワ州のトランプの選挙活動組織を率いていた。

　トランプは、選挙期間中に中国を批判する発言を繰り返したが、ブランスタッドは「私は中国に友人が多いので、アイオワ州で遊説するときは中国批判をしないでください」とトランプに頼んでいたと、トランプ自身が先日語っている。中国政府は、ブランスタッドを「古くからの中国の友人」と称賛し、トランプが彼を駐中国大使に決めたことを公式に歓迎している。

　トランプは16年12月8日、当選感謝演説旅行の一環としてアイオワ州に行き、ブランスタッドを演説の壇上に上げて中国大使に任命したと聴衆に紹介しつつ、演説を展開した。トランプは中国について、これまでと同様に「市場経済でないので問題がある」「中国は、知的所有権を守らないし、法人税制が不公正だ。為替を不正操作し、輸出価格を不当に引き下げている。北朝鮮にも厳しい態度をとっていない」など、いつも変わらぬ中国批判を展開した。

　だがトランプは、それに続いて「それらの問題はあるが、それ以外の部分では、中国は素晴らしい国だ。そうだろ？」と述べている。トランプは、知的所有権、法人税制、為替操作などの経済分野、つまり、これらを改善して中国に進出している米国企業がもっと儲かるようにしてくれという金儲けのお願いと、中国が北朝鮮問題を責任持って解決してくれというお願いの2分野（いずれも、中国に対する批判の形をとった「要請」）以外、中国は何の問題もなく素晴らしい、と言ってしまっている。

　トランプは、一党独裁や民主活動家弾圧、南シナ海、台湾、チベット、新疆ウイグルなど、これまで多くの米国人が中国の問題点として批判してきたことを、すべてすっ飛ばし、全く問題ないと言っている。トランプは、米中は世界の2大経済大国であり、米中関係は世界で最も大事な二国間関

係なのだから、米中関係を早く改善することが必要だと述べている。

　トランプは演説の中で、ブランスタッドが中国の上層部の人々と信頼関係を構築し、アイオワ州の農産物を中国に輸出する経済関係を強化したやり方を高く評価した。「相互信頼を築くことで、米国も中国も利益を得ている。テリーのそのやり方は、今後の米中関係にも役に立つ」と述べた。トランプは「対中国の貿易赤字は、米国の貿易赤字総額の半分近くを占めている」と語り、ブランスタッドの手法で米国から中国への輸出を増やし、米国の雇用を増やせると、戦略を披露した。

米国にとって得になるかどうか

　トランプの今回のアイオワ州での演説と、ブランスタッドを駐中国大使にすると決めたことからうかがえるのは、中国との貿易の増強を、米国の雇用や経済成長の建て直しの大黒柱の一つに据えるトランプの対中国戦略だ。「トランプはビジネスマンとして国際戦略を考えている」という指摘をよく見る。トランプは、中国（など、他のすべての国々）を「敵か味方か」という区分で見るのでなく「米国にとって得になるかどうか」で見ている。

　知的所有権や法人税制や為替操作などの面で中国を批判することがトランプの最終目的ではない。中国政府に「中国企業に、米企業が持つ知的所有権の使用料を払わせろ」「中国で儲ける米企業から法人税を取りすぎるな（大幅にまけろ）」「人民元の対ドル為替を引き上げ、中国から米国への輸入品の価格が上がるようにして、輸入品に対抗している米国メーカーが競争力をつけることを容認しろ」と要求し、交渉して要求の何割かを中国に飲ませ、米国の企業利益や雇用、経済成長を増やすのがトランプの目的だ。

対中戦略は経済重視、軍事対立せず覇権策にしない

　トランプのアイオワ州での演説の中国批判の中で、経済分野以外の批判として唯一あったのが「中国は、北朝鮮に悪事をやめさせる努力をしてい

124

ない」というものだ。これは、中国が北朝鮮に核兵器開発をやめさせれば、在韓米軍を撤退でき、米国の軍事負担を減らせるという、米国の国益増加の話とつながっている。この点については、米マスコミも最近「トランプは、米国まで届く核ミサイルの開発を北朝鮮にやめさせるため、中国に北への圧力を強化することを頼まざるを得ない。中国はトランプに、北に圧力をかけるから、代わりに経済面での中国批判を弱めてくれと要求し、トランプはそれを了承し、経済分野ですら中国批判を弱めそうだ」という観測記事を出している。中国は最近、国連安保理の北制裁強化提案に賛成し、北への圧力を強化し始めている。トランプ政権は、中国と協力し、北朝鮮問題に取り組む可能性が高い。

　北朝鮮以外の、中国をめぐる安保政治問題、つまり南シナ海や台湾、東シナ海、チベット、ウイグル、それから中共の一党独裁と民主化弾圧などの問題について、トランプは、大統領選挙戦中も当選後も、中国を批判するかたちでの発言をしていない。これらの問題は、介入しても米国の得にならない。トランプは「中国などの独裁国家を倒すのが、世界民主化の理想を追求する米国のあるべき姿だ」というタカ派や軍産の主張を拒否している。

「リアリスト」としてのトランプ

「中国との軍事対決を扇動すると、米国の軍事産業が儲かるので雇用増や経済成長に結びつく」という軍産複合体の理論を、トランプは採用していない。その点で、トランプは「リアリスト」だ。トランプは、イラク侵攻以来の中東での米国の戦争を、巨大な浪費と非難し続けている。トランプは、軍事費を増やすと言っているが、それは独裁政権を軍事で転覆するためでなく、ISアルカイダといったテロリストを退治するなど純粋な防衛強化のためだと言っている。トランプは、これまでの米国が一方でISアルカイダを涵養しつつ他方でそれらと永遠に戦うというマッチポンプを続けてきたことから、脱却しようとしている。

　トランプは16年12月3日、台湾（中華民国）の蔡英文大統領（総統）と電話で話した。米国の大統領（当選者）が台湾の大統領と話をするのは、

米国が中国（中共）と国交回復して台湾と国交断絶した 1979 年以来、約 40 年ぶりだ。米国は、中国と国交回復する際、台湾を国家として認めないことを誓約している。中国は、米国が台湾を国家として認めて支援するなら、中国は台湾に武力侵攻して強制併合すると言い続けている。トランプが蔡英文と電話で話したことは、以前の米国の誓約に違反しており、米国が中国と戦争する気だと、中国に思われても仕方がない、トランプはなんて危険なことをするんだ、と米マスコミがこぞって批判的に報道した。中国政府もトランプを強く非難した。これだけを見ると、トランプは軍産顔負けの好戦派に見える。

トランプはこれに対して「向こうから祝辞を言いたいと電話をかけてきたのに、そういう善意の申し出を受けて何が悪いんだ？　そんなことに中国の許可が必要なのか？　台湾は、米国からたくさん武器を買うお得意様でもある。中国だって、米国に許可もとらずに南シナ海に巨大な軍事施設を作っただろ？」という趣旨の表明をツイッターで発している。

ここで重要なのは、トランプが、中国による南シナ海の岩礁埋め立て・軍事施設建設について、建設自体を非難する目的でなく、それを中国が勝手にやっている以上、トランプが蔡英文からの祝電を受けたことを中国がガミガミ批判するのはおかしいぞ、もっと相互におおらかにやろうぜ、といった感じの話にしている点だ。中国政府は、いったんトランプを批判した後、トランプは外交初心者なのでうっかりやったのだろうとか、そもそも蔡英文がトランプに電話したのが悪い、といった話にすりかえ、ガミガミ言わない方針に転じている。

米マスコミは、その後も何日間か、トランプが台湾からの電話を受けたことを「危険な行為」「米中関係を悪化させた」「トランプは FBI のブリーフィングを受けないからこんなことになるんだ」「トランプは中華人民共和国と中華民国の区別もつかないのでないか？」などと報じ続け、自分らこそ「中国の犬」になっていることも無視し、相変わらずのトランプ中傷に終始した。

しかし、このマスコミの騒動のおかげで、トランプが親中的なブランスタッドを駐中国大使に内定し、ほとんど中国を批判しない戦略をアイオワ

で表明したことは、大して報じられていない。蔡英文との電話は、共和党元議員で現ロビイストのボブ・ドールが提案した意図的な策とも言われている。目くらましとしての意図的な策だったのかもしれない。

　これまでの米国の対中国戦略には、米国が中国を敵視することで、同じく中国を敵視するアジア太平洋の同盟諸国（日本、フィリピン、ベトナム、豪州、インドなど）との同盟関係や、米覇権体制を強化する目的があった。TPPは、その一つだった。トランプの対中国戦略には、こうした中国包囲網による米国覇権の強化策が決定的に欠如している。TPPも、やめることにしてしまった。トランプは、中国との関係において、米中2国間の損得にまつわることしか言っていない。

中国をより良い市場経済国にすることで米国側の経済利得を増やす

「中国は市場経済でない」とトランプは批判する。この点は以前から米国側が批判していた。以前の米国の戦略は「中国が良い市場経済を持てるよう、WTOや米同盟諸国が監督する」というものだった。だがトランプは「中国をより良い市場経済国にすることで、米国側の経済利得を増やす」という戦略で、米中の話を米国覇権に絡めていない。トランプは、ロシアとの関係についても同様で、中露を敵視することで米同盟諸国の結束を維持強化し、米国覇権の永続のために使うという従来の米国の冷戦型の戦略を全面的に拒否・放棄している。米国は今後、覇権を放棄していく感じが強まる。

　これは、日本や豪州、NATO諸国といった対米従属な米同盟諸国にとって、国家の基盤となる基本戦略をゆるがす大事件だ。日豪などは今後、米国覇権という、自国にとっての「背骨」が抜けていく中で、背骨を失っても立ち続けられる新たな戦略を見つけねばならない。

　安倍首相は、17年の正月に豪州とベトナム、フィリピンを歴訪したが、これは、かつて私が指摘した「日豪亜同盟」の、潜水艦失敗後の再挑戦であり、新たな戦略の模索に見える。米国がトランプになって中国包囲網を放棄する中で、米国に頼らず、しかも中国にも従属したくない海洋アジア諸国（ドゥテルテのフィリピンは「小琉球」的に「両属」になる）が、米

国と中国の間に独自の影響圏を作る動きにつながるかもしれない。逆にもし、安倍の歴訪計画の背景にある戦略が、依然として「対米従属としての中国包囲網の強化」であるとしたら、戦略を立てた日本外務省は非常に能力が低いことになる。

3 逆効果になる南シナ海裁定

2016年7月12日、海洋法条約に基づく国連の仲裁機関が、南シナ海の領有権をめぐってフィリピンが中国を相手に提起していた調停で、フィリピンの全面勝訴、中国の全面敗訴に近い裁定を発表した。裁定は、欧米の国際法の「専門家」たちが驚くほど、事前の予測を大きく超えて中国を批判する内容だった。裁定は、南シナ海での中国による領土主張や環礁埋め立て、フィリピン漁船追い出しなどの行為が、海洋法条約の14の条項と「海上衝突防止国際規約に関する条約」の6つの条項などに違反していると断定した。

フィリピンは2013年に前アキノ政権がこの件を海洋法調停機関に提起したが、当初から中国は、提起は不当なものなので調停に参加しないと宣言し、最後まで参加しなかった。中国の主張は「中国とフィリピンは1995年以来、南シナ海紛争を双方の話し合いで解決すると合意しており、海洋法も当事者間の交渉を優先する決まりなのに、その枠組みを無視したフィリピンの提起は無効だ。海洋法の調停は当事者全員が同意しないと始まらない規則で、中国が反対したまま調停が始まるのも無効だ。海洋法の調停は、領土紛争に踏み込めないと規定されているが、本件は領土紛争であり、海洋法機関は自らの規定に違反している」といったものだ。調停は、中国の主張を無視して進められた。

南シナ海裁定は海洋法機関の規範外

　訴訟事は一般に、参加を拒否する当事者に不利な結論が出されることが多いが、今回の裁定も、中国を異様に断罪する結果が出た。調停そのものが規定違反で無効だと当初から言い続けてきた中国は、今回出た裁定も無効だと表明し、遵守せず無視すると宣言している。一般の国内裁判には判決を強制執行する機能があるが、海洋法の調停には、裁定に従わない国に対する強制執行の機能がない。国連安保理で、調停に従わない中国を経済・軍事面で制裁する決議を行うのが唯一の強制執行への道だが、常任理事国である中国が拒否権を発動するので実現不能だ。

　執行機能はないものの、裁定を無視する中国を「国際法違反の極悪な国」と非難して国際信用を失墜させる効果はある。中国を敵視する米国などが、仲裁機関の判事の判断に影響を与え、異様に中国が不利となる裁定を出させたに違いないと、中国側が表明している。裁定が出た後、米政府は「中国は裁定に従うべきだ」と表明している。日本外務省はマスコミに対し、中国が国際法違反の極悪な国であると喧伝するよう誘導している。

　海洋法の仲裁機関は、当事国どうしが話し合いで紛争を解決する際の助力となる仲裁をするために設置され、強制執行の機能がない。当事者の話し合いを前提とせず、裁判所の判決が大きな拘束力を持つ、国内裁判所とかなり異なる。豪州の権威あるシンクタンク、ロウィ研究所が載せた記事は、このような海洋法仲裁機関の機能を指摘した上で、南シナ海紛争を仲裁対象にすること自体にもともと無理があったと書いている。

　このような豪州での客観的な分析と対照的に、日本のマスコミ報道では、同仲裁機関の機能が無視され、「裁判所」の「判決」が出たと書かれ、国内裁判所と同等の絶対的な決定であるかのような言葉遣いが意図的に使われている。日本外務省の指示（歪曲的ブリーフィング）に従った中国嫌悪プロパガンダが狡猾に流布されている。日本人の記者や外交官は「豪州は親中派が多いからね」「田中宇も中国の犬でしょ」と、したり顔で歪曲を重ねるばかりだろう（おそらく日本が第二次大戦に惨敗した理由も、こう

4章　ロシア・中国との関係はどうなる …… *129*

した自己歪曲によって、国際情勢を深く見る目が失われていたからだ。分析思考の面での日本人の「幼稚さ」は70年たっても変わらない。近年むしろ幼稚さに拍車がかかっている）。

中国との交渉再開で裁定を無意味にするフィリピン

　海洋法調停機関は、紛争当事国どうしの話し合いを前提とする規定を自ら無視して、規範外の領土紛争に対する判断を下してしまい、今回の裁定を出した。米日はこの点を無視して中国を非難し、中国は激怒している。だが、こうした行き詰まりを解決する動きが、意外なところから起こされている。それは、紛争当事国であるフィリピンのドゥテルテ新大統領が、先代のアキノ政権が拒否していた中国との直接交渉を再開すると宣言していることだ。ドゥテルテ政権は海洋法機関が裁定を出した2日後の16年7月14日、中国と交渉する特使の役目をフィデル・ラモス元大統領にお願いしたいと発表した。

　そもそも今回の南シナ海の海洋法調停は、前アキノ政権フィリピンが中国との2国間交渉を拒否して国際調停に持ち込んだところから始まっている。先日フィリピンの政権が替わり、新政権が「やっぱり中国と交渉して解決することにしました」と言い出したわけだから、国際調停に持ち込んだ前提自体が消滅したことになる。ドゥテルテが大統領になったのが裁定が出る直前だったので、そのまま裁定が出たが、もし裁定が出るのが12年後だったら、ドゥテルテは調停申請自体を取り下げ、途中で終わらせていただろう。

　中国は、南シナ海の領有権の主張を撤回しないだろうし、すでに埋め立てた環礁を元に戻すことは拒否するだろう。ドゥテルテは、それらを受け入れた上で、フィリピンが最重視するスカボロー礁などについてフィリピン側の主張をある程度入れたかたちで、海域の共同利用や共同開発を決めるつもりだろう。フィリピンが南シナ海で譲歩する代わりに、中国がフィリピン本土の鉄道敷設などインフラ整備を手がける構想を、ドゥテルテはすでに言及している。

こうした中比間の和解は、今回の裁定が断定した「中国の違法行為」を容認してしまう。しかし、前出の豪ロウィ研究所の記事によると、海洋法機関は、当事者どうしの和解を最優先し、和解結果の内容が海洋法にそぐわないものであってもそれを支持することになっている。中比の交渉開始は「中国は裁定を受け入れ、埋め立てた環礁を元に戻し、南シナ海から撤退しろ」と求める日米などの主張を国際法的に無効にしてしまう。安倍首相は2016年7月15日、モンゴルでの国際会議（ASEM）の傍らで会談した李克強首相に対し、海洋法裁定を受け入れるように求め、李克強を激怒させて「一本とった」と喧伝されているが、海洋法裁定をめぐる日米の優勢、中国の劣勢がいつまで続くか疑問だ。

中国を批判しないEU

　今回の裁定に対する世界の反応を見ると、むしろ国際社会における中国の地位上昇、多極化する世界の中で中国が大国として認知されていく傾向を示してしまっている。安倍が李克強を激怒させた同じASEMの会議でモンゴルや中国を訪問中のEUの首脳たちは、誰もこの件で中国を批判する発言をしていない。EUの大統領であるトゥスク欧州理事会議長は演説で、国際法が守られることが必要だと述べたが、これがこの件に対するEUの最も突っ込んだ発言となった。EUのモゲリニ外相は、南シナ海紛争についてEUがいずれかの国を支持することはなく中立を守ると表明した。

　EU内では、もともと英仏が南シナ海紛争で中国に厳しい態度をとる傾向にあったが、英国はEU離脱で中国に擦り寄る態度を強めており、フランスも経済関係を重視して最近は腰砕けだ。ハンガリーやギリシャを筆頭に東欧諸国は、中国からの投資がほしいので親中的だ。EUはスロベニアとクロアチアが領海紛争で対立し、海洋法調停に持ち込まれたが不満が大きいクロアチアが昨年調停を離脱し、それ以来海洋法調停を嫌うクロアチアが、南シナ海に関しても中国に同調し、EUとしての中国批判に反対している。EUは、米国からの「お前らも中国を批判しろ」という圧力をか

わすためもあり「この件について内部分裂しているので中国を批判できません」という逃げ腰の態度をとっている。

　裁定が出る前、米欧のいくつかの分析は「裁定後、EU や英国が中国を批判し始めたら中国の負け、米国の勝ち。欧英が中国を批判しなければ中国の勝ちになる」と書いていた。結局、EU も英国も中国を批判していない。この現象は昨年春に中国が AIIB（アジアインフラ開発銀行）を設立した時の繰り返しだ。米国が世界を引き連れて中国を批判しようとするが、喜んで乗ってくるのは日本だけで、欧州や東南アジアなどその他の国々は米国に同調せず、抜け駆け的に中国の側についてしまう国が相次ぐ。

　今回の裁定も、米国の圧力で世界が動いてきた米国覇権体制の解体と、世界の多極化、中国が極の一つとして世界から認知される流れを顕在化させる結果となっている。その意味で、今回の裁定は、中国をへこますどころか逆に中国の台頭を示すものになっている。

中国は米国を真似しただけ

　米国は中国に対して「海洋法条約を守れ。裁定に従え」と要求するが、米国自身は海洋法条約に入っていない。批准どころか署名もしていない。その理由は、もし米国が海洋法条約に入り、今回の中国と同じような裁定を米国が食らい、それに従わねばならない状態になると、米国自身が裁定を無視することになるからだ。覇権国は、自国の国益にならない行動を他から求められても、拒否してかまわない。それは、教科書に書いていない世界の不文律だ。米国の共和党系（リアリスト）の権威ある国際分析サイト「ナショナル・インテレスト」が、そのように解説する記事を出している。

　戦後の世界で単独覇権国だった米国は、自国の国益に反する裁定をつきつけられて無視して権威を落とすぐらいなら、最初から加盟しない方が良いと考えて、海洋法条約に署名していない。国際法とは、覇権国以外の中小の国々が守るべきものであり、覇権国（大国）は必ずしも遵守しなくて

よい。建前的に「人間はみな平等」「国家はみな平等」であるのだが、実際はそうでない。権力者、覇権国は実質的に超法規的な存在だ。米国はイラク侵攻という重大な国際犯罪を犯したが、裁かれもせず、ほとんど反省もしていない（弱い立場の国がいくら世界平和を提唱しても、世界は平和にならない）。

　米国は、海洋法条約に署名しないことで「覇権国はこんなもの守らなくていいんだ」と言い続けている。中国は、これまで自国を発展途上国と考えてきたので、海洋法条約に入っている。しかし今、習近平になってからの中国は、自国を「多極型世界における、米国（やロシアなど）と並ぶ地域覇権国」と考えるようになった。中国が米国と対等な地域覇権国であるなら、米国が守らない海洋法条約を、中国も守る必要がない。しかもすでに中国は、もし米国が南シナ海で戦争を仕掛けてきても負けない軍事力を持ち始めている。

　中国は、2国間の話し合いで東南アジアの中小国を威圧しつつ経済援助で丸め込み、南シナ海を全部自分のものにしようとしている。それは政治的に汚いやり方だが、軍事侵攻によるものでないので国際法違反でない。それなのに米国はフィリピンをそそのかし、2国間交渉を破棄させて海洋法機関に提訴させ、欧州人の判事たちに基幹の規範を逸脱する領土紛争に介入した裁定を出させ、中国に守れと要求してきた。このジャイアン的な米国の行為に、スネオ日本が、虎の威を借る狐的に、嬉々として追随している。

　米国と並ぶ大国を自称する中国は、当然ながら裁定を無視する。中国は、米国の真似をしただけだ。裁定を無視されても、米国は中国を武力で倒せない。しかもEUなど他の大国は、米国に求められても中国を非難しない。EUは多極化を認知し「大国（地域覇権国）どうしは喧嘩しない」という不文律に沿って動き始めている。同盟国のくせに「そもそも本件は海洋法の仲裁になじまない」などと中国の肩を持つ奴（豪）まで出てきた。中国が、国際政治的にも軍事的にも、米国と並ぶ地域覇権国であることが明らかになりつつある。米国は、過激な裁定を海洋法機関に出させることで、中国を、自国と並ぶ地域覇権国に仕立て、多極化、つまり米単独覇権体制

4章　ロシア・中国との関係はどうなる …… 133

の崩壊を世界に知らしめてしまった。これに気づいていないのはスネオだけだ。

前出のナショナル・インテレストの記事は「米国が、中国を中小国扱いし続けて無理やり中国に裁定を守らせようとすると、アジアを不安定化してしまう。むしろ、早く中国を自国と並ぶ大国と認めた方が（つまり米単独覇権から多極型覇権への世界の転換を認めた方が）世界は安定する」と、米政府に忠告している。同記事は「中国が南シナ海に防空識別圏を設定することは、合法だし、他国（米国）からの軍事介入を防ぐ意味でもいい方法だ」と勧めることさえしている。

4　フィリピンの対米自立

フィリピンで 2016 年 6 月末に就任したロドリゴ・ドゥテルテ大統領が、これまで事実上の「宗主国」だった米国との軍事主導の同盟関係を疎遠にするとともに、米国のライバルである中国やロシアに接近する動きを続けている。ドゥテルテは、米比の同盟関係の象徴だった合同軍事演習（10月 4 - 12 日）は今年が最後だと宣言する一方、米国でなく中露から兵器を買うと表明している（比軍の兵器の 75％が米国製）。

ドゥテルテは、フィリピン南部のミンダナオ島の主要都市ダバオの市長を 22 年にわたって続けてきた。ドゥテルテは市長時代から全国的に有名だったが、その理由は外交でなく、麻薬など犯罪組織の取り締まりに超法規的な政策をやったからだ（思想的には親中国的な左翼）。

ミンダナオはイスラム教徒が多く、キリスト教が主流派の中央政府との対立、蜂起と弾圧が大昔から続き、麻薬など犯罪組織もはびこってきた。当局側に財政などの力がなく、麻薬や犯罪の取り締まりが追いつかない中で、ドゥテルテは、各地の地元の武装した自警団が犯罪組織の関係者を殺して良いと奨励し続けてきた。この超法規的な殺人の奨励によって、ドゥテルテは 90 年代から欧米の人権団体に非難されている。だが、当局が組

織犯罪を取り締まれない状態に苦労させられているフィリピン国民の間ではドゥテルテの人気が高く、その人気で彼は大統領に当選した。ドゥテルテの超法規的な犯罪取り締まり政策は、法律的に間違っているかもしれないが、人々に支持され「民主的」であり、政治的には正しい。

　フィリピンは先代のアキノ政権時代、ASEANの中で最も強く南シナ海紛争で中国と対立してきた。2010年からのアキノの時代は、米国が11年に中国包囲網（アジア重視）の宣言を行い、南シナ海紛争に介入して中国敵視を強めた時期だ。アキノ政権はそれに乗るかたちで、冷戦後のフィリピンの対米自立の傾向を逆流させ、冷戦後いったん撤退させた米軍の再駐留を認め、軍事安保の対米従属を強めた。ドゥテルテは、アキノが強めた対米従属・中国敵視を再び転換・逆流させ、対米自立・反米姿勢強化・対中国融和の道を歩み出している。

フィリピンの転換にこっそり安堵するASEAN

　ドゥテルテは、大統領選挙の期間中、当選したら対米従属をやめて自立した外交戦略をやると繰り返し宣言していた。米国による内政干渉には腹が立つとも表明し、それが有権者からの支持増加につながった。16年6月30日の大統領就任と同時に、南シナ海の領土問題で中国との敵対をやめて話し合いを進める方針を打ち出した。中国と和解し、南シナ海の海底油田などを中比の共同開発にすることで、経済利得を得ようとしている。

　7月12日に国連海洋法条約に基づく南シナ海紛争に関する国際裁定が出て、フィリピンの圧勝・中国の敗北だった。世の中では、フィリピンがこの勝訴に乗って米国と組んで国際的に中国批判を強め、中国に譲歩を迫るという見方が強かったが、ドゥテルテは正反対に、ラモス元大統領に交渉役を頼み、中国と2国間交渉で和解することを模索した。

　米国や、アキノ時代のフィリピンは、ASEANを団結させ、中国をASEANとの多国間交渉に引っ張り込もうとしていた。対照的に中国は、ASEANと対等になってしまう多国間交渉を拒否し、中国が優位に立てる、各国との個別の2国間交渉を望んだ。ドゥテルテは、紛争をASEANに

4章　ロシア・中国との関係はどうなる　……　135

持ち込むことをやめ、中国が好む2国間交渉で進める方針を表明している。ドゥテルテは、南シナ海の自国の領海外の海域でフィリピン軍が警備活動をすることをやめ、米比海軍合同の警備からも離脱するとともに、南シナ海での米比合同軍事演習を今年で最後にすると発表した。これらも、中国が嫌がることをやらないことにしたドゥテルテの姿勢が感じられる。

　ドゥテルテの反米姿勢が世界的に有名になったのは、16年9月初めのラオスでのASEAN拡大サミットだ。ドゥテルテとオバマの初の米比首脳会談が予定され、オバマはドゥテルテの、犯罪組織員の殺害を国民に奨励する超法規政策を批判するつもりだった。この件で記者に尋ねられたドゥテルテは、内政干渉だ、植民地時代に米国がフィリピンでやった殺戮を逆に問題にしてやると激怒し、俺に喧嘩を売るオバマは馬鹿野郎だと言い放った。ドゥテルテは、全体会議での演説の時も、米国が植民地時代に無数のフィリピン人を殺害したと、当時の写真を見せながら批判した。

　オバマはドゥテルテとの公式会談を取りやめた。国際マスコミは「人殺しを容認する米国敵視の危険人物」ドゥテルテを批判的に描いた。すでに書いたように、フィリピンの超法規殺人は犯罪取締政策として長い歴史がある。その事情も勘案せず人権侵害と騒ぐ米国務省や国際マスコミの方が、内政干渉や意図的な頓珍漢をやっている。

　ドゥテルテは、このASEAN会議以降、米国と喧嘩する一方で、他の東南アジア諸国とは良い関係を維持している。米中両方と協調したいASEAN内で、これまでフィリピンは南シナ海紛争で最も中国に敵対的な国だったので、大統領がドゥテルテに代わって一気に対中協調に転じたことに、他の諸国はむしろ安堵している。米比は同盟が強固なほど中国敵視も強まるので、ドゥテルテの反米姿勢もASEANを危険にしない。フィリピン同様、島嶼的な地域の多様性に基づく治安の不安定を抱えるインドネシアの麻薬取り締まりの長官（Budi Waseso）は、フィリピン型の超法規的な取り締まり政策を自国でも検討したいと表明した。「もちろん法律や国際基準には従います」と弁解しつつ。

　ドゥテルテはその後、アキノ前大統領が14年に米国の再駐留を認めた米比協定（EDCA）を放棄するかもしれないと表明した。EDCAの協定

文書にはアキノの署名がないので協定に効力がなく、口約束にすぎないことが発覚したからだという。ミンダナオに駐留する、イスラム勢力と戦う米軍特殊部隊に撤退を求める発言も放った。特殊部隊はすでに昨年から撤退に入っているが、米軍部隊はイスラム勢力との敵対を扇動するばかりで事態を悪化させ続けてきたので、早くすべて出て行ってほしいとドゥテルテは批判した。

　彼はまた「米国はわれわれに敬意を払わず、内政干渉ばかりしてくる」「そのことをロシアのメドベージェフ首相に話したら、全くそのとおりだ、それが米国の本質だと同意してくれた」「米国は中東にも介入し、テロを逆に増してしまう大失敗をしたのに謝罪も反省もしていない」「米国が良い関係を持ってくれないので、米国のライバルである中露と良い関係を結びたい」といった趣旨の発言を繰り返している。ドゥテルテは2016年10月下旬に財界人たちを引き連れて訪中した。

フィリピンの大富豪支配を終わらせる

　ドゥテルテは、米国との同盟を切るような発言を繰り返しつつも、発言で表明したことを公式に米国に伝えていない、と米政府は言っている。だから米政府は「フィリピンとの同盟関係が変わることはない」と言っている。ドゥテルテの発言は、あとから希釈や謝罪めいた釈明が側近や本人から出されることも多い。ミンダナオの米軍部隊に撤退を求めつつも、フィリピン全体からの米軍撤退は求めていない（比軍はASEANで最も弱い国軍）。

　これらを考えると、ドゥテルテは、米国との軍事安保関係をすべて早急に切りたいのでなく、米国との安保関係を維持しつつ、従来の対米従属を離脱して自立的な外交を増やすことがどこまでできるか、観測気球を揚げ続ける意味で、米国批判や軍事関係の切断を表明して見せているのでないかと感じられる。どのくらい対米従属を離脱したら、どのくらい中国がフィリピンに経済支援してくれるかも、同時に測定しようとしているのでないか。

4章　ロシア・中国との関係はどうなる …… 137

ドゥテルテが対米従属からの離脱を試みるもうひとつの理由は、国内政治だ。フィリピンの政治経済は、アキノ前大統領の一族など、いくつかの大金持ちの家族たちに支配されている。フィリピンの対米従属を支えてきた彼らは、米国の上層部と結託して相互に儲けつつ、権力を独占してきた。ドゥテルテは支配家族たちの代理人でない。ドゥテルテは、支配層に妨害されつつ大統領になった（だからドゥテルテはフィリピンのトランプと呼ばれる）。大統領選挙で、支配層の持ち物であるいくつかの比マスコミはドゥテルテを批判的に報じ続け、大統領になってしばらくの間、ドゥテルテとそれらのマスコミの関係が悪かった（その後マスコミは権力を握ったドゥテルテに擦り寄ってきた）。

ドゥテルテの対米自立の多極化対応

　ドゥテルテが、国内の既存の支配層が持っていた隠然独裁的な権力を破壊し、彼なりの「真の民主化」を進めていく方法として、対米従属からの離脱や、中露との協調強化がある。対米従属を国策に掲げる限り、ドゥテルテよりアキノ家など既存の支配層の方が米国とのパイプがはるかに太く、ドゥテルテはそのパイプに頼らざるを得ないので、権力構造が従来と変わらない。だが逆に、対米自立して中露などに接近すると、その新たな体制の主導役は、新規開拓を手がけたドゥテルテ自身になり、既存の支配層の権力を枯渇させられる。

　かつて日本の鳩山（小沢）政権は、対米自立と対中国接近をやることで、日本の権力を戦後一貫して隠然と握り続ける官僚機構から権力を剥奪しようとした。それは１年で失敗に終わったが、ドゥテルテはそれと似たようなことをやり始め、今のところ既存の支配層に対して勝っている。日本の官僚機構は、フィリピンの既存支配層よりはるかに巧妙で、米国支配の悪い部分をうまく隠蔽し、日本人の多くは対米従属が一番良い国策であると信じ込んでいる。フィリピンでは支配構造がもっと露骨に見えるので、米国をまっすぐ批判するドゥテルテが国民の支持を集め、成功している。

　ドゥテルテの戦略の背景に「多極化」の傾向がある。米国の単独覇権体制が崩れ、中露の台頭が進んで世界が多極型に転換しているため、対米従

属をやめて中露との関係を強化することが、世界的に合理的な国際戦略になりつつある。米単独覇権体制は戦後70年も（先代の英国覇権も含めると200年も）続いてきたので、世界の多くの国の支配層が、対米従属の国策を基盤にして権力を維持している。だから、たとえ合理的な戦略でも、対米自立・多極化対応は、多くの国の支配層にとって、やりたくないことであり続けている。だが、ドゥテルテの場合は逆に、対米自立・多極化対応することが、自分の権力強化にもなっている。ドゥテルテは、対米自立・多極化対応の観測気球的な発言をガンガンやって測定した後、実際に動き出すつもりだろう。

　米政府は、ドゥテルテが売ってくる喧嘩を買わないようにしている。国務省も国防総省も、米比関係は問題ないと言い続けている。米政府がドゥテルテの喧嘩を買って米比関係が悪化すると、ドゥテルテは中露との結束を強めつつ対米自立によって自らの権力を強化し、米国にとって便利だったフィリピンの既存支配層が無力化されてしまうばかりだ。

　トルコのエルドアン大統領も最近、やらせ的な部分があるクーデター騒ぎを機に米国から急に距離を置き、米国批判を繰り返している。トルコも冷戦開始後ずっと対米従属的な国策を続け、既存のエリート層（世俗派）がそれを権力基盤にしていた。2000年から権力を握ったイスラム主義のエルドアンは、世俗派エリート層を追い出しつつ権力を強化し、最近はその仕上げの時期にある。エルドアンも、ドゥテルテと同様、米国との関係を意図的に悪化させることで、対米従属に依拠していた既存の支配層を無力化し、自らの権力を強化しつつ、自国の権力構造を転換しようとしている。

　フィリピンは対米自立に動き出しているが、日本は今後も動きそうにない。ドゥテルテから見ると、日本は米国と一蓮托生で敵視すべき相手かと思いきや、そうでない。ドゥテルテは日本に友好的だ。欧州や豪州にはドゥテルテを批判する勢力がいるが、日本はそれもない。ドゥテルテは、米国への依存を減らす穴埋めとして、中露だけでなく日本との関係強化を考えているようだ。ドゥテルテは日本の対米従属を問題にしていない。日本はフィリピンに対し、中国敵視を念頭に、南シナ海で中国と対立するた

4章　ロシア・中国との関係はどうなる …… *139*

めの軍艦類をいろいろ支援している。ドゥテルテのフィリピンは中国と対立する軍事行動をやめており、軍事支援は日本側にとって無意味になっているが、それも無視されている。

　日本がフィリピンに軍事・経済支援し続けるのは、米国が日本に対し、米国の分も日本がフィリピンに軍事・経済支援し、フィリピンが日本を通じて米国の間接覇権下にいるようにしてくれと要請しているからだろう。米国の覇権が衰退する中で日本がフィリピンを支援し続け、フィリピンが日本にとって戦後初めての海外の影響圏になっていくのでないかというのが、以前の「日豪亜同盟」の時に感じられたことだった。しかし、ドゥテルテが対米自立を強めつつ中露に接近していくと、もはやフィリピンは日本の影響圏でなくなり、中国の影響圏に入る可能性が増していく。米国の覇権が低下する中で、日本が中国に対抗してフィリピンへの影響力を伸ばそうとすると、それは日本の対米自立を促進することにもなる。

5　フリン辞任めぐるトランプの深謀

　トランプ大統領の安保担当補佐官で、ロシアとの和解を主導していたマイケル・フリンが、就任前に駐米ロシア大使と電話で他愛ない話をしたことを理由に辞めさせられた。更迭理由は、許可なく民間人が対立的な外国と交渉することを禁止した有名無実な18世紀の「ローガン法」に違反した疑いだ。フリンが有罪なら、ヒラリー・クリントンや、ワシントンの国際ロビイストの多くが有罪になりうる。対露和解を強行するトランプを阻止したい軍産複合体が、いよいよ反撃してきたか。プリーバスやコンウェイといった他の側近の地位も揺らぎ出し、最後はトランプ自身の弾劾までいくかもと報じられている。

　とはいえ、この話は何かおかしい。選挙戦中から軍産マスコミと対立し続けてきたトランプは喧嘩に強く、こんな微罪で側近を辞めさせる必要などない。フリン更迭の原動力は、軍産の圧力よりもトランプの意志という

ことになる。トランプは最近、フリン辞任話の高まりと同期して、ロシアとの和解の延期と、イラン核協定を破棄する決意の棚上げを静かに進めている。対露和解は軍産が反対し、イラン核協定の維持は米民主党やイスラエル中道派が望んでいた。フリンは、対露和解とイラン核協定の破棄を、トランプ政権中枢で最も強く推進していた。フリンの後任は、イランと前向きな関係を持つハーワードだ。

　フリンの辞任はネタニヤフ訪米の直前だった。訪米したネタニヤフとトランプは、パレスチナとの和平交渉（２国式）より先に、サウジなどアラブ諸国とイスラエルの和解を進めることで合意した。ネタニヤフは、サウジと和解してヨルダンに圧力をかけてもらい、パレスチナ自治政府（西岸）とヨルダンの合邦を進めたい。これはトランプから見ると、米国抜きの中東の安定を実現するものだ。アラブとイスラエルの和解の後、アラブとイラン、イランとイスラエルが和解すると、中東の根本的な安定になる。このシナリオに沿うなら、イランの核武装を抑止できる核協定は破棄せず温存した方が良い。

　フリンは14年、オバマにDIA長官を更迭された後、オバマ敵視が高じてイラン核協定に声高に反対し続けた。トランプは、オバマに挑戦する奇人のフリンを評価して安保担当の高官にした。トランプは、対露和解とイラン核協定破棄という、軍産ユダヤ２大政党といった米国のエリート層が許容できない２つの姿勢の主導役としてフリンを高位に据えた。そしてトランプは今、フリンの追放と同時に、対露和解とイラン核協定破棄の両方を棚上げする方に動いている。トランプは、TPPの破棄や規制緩和は就任後すぐに手掛けたが、ロシアとイランに関する政策は、すぐやるといいながらやってない。トランプ流の目くらましかもしれない。

　私のこの見方が正しい場合、今後、トランプと軍産の関係は、対立激化でなく安定化する。トランプがフリン更迭のカードを切ったのは、軍産とトランプが何らかの折り合いをつけた結果と考えられるからだ。逆に今後、辞任圧力がプリーバスやコンウェイに広がるなら、私の今回の説が間違っており、トランプが軍産に負けており、あっけなく弾劾されて終わるかもしれないことを意味している。

4章　ロシア・中国との関係はどうなる …… *141*

茶番に茶番を重ねたフリン更迭劇

　17年2月15日のフリン辞任は、茶番の上に茶番を重ねる政治劇だ。フリンの更迭理由は2つある。一つは要約に書いたローガン法違反。この法律は、18世紀末に制定されたが、いまだに誰もこの法律で起訴されていない。同法が禁じる「政府の許可なく敵性国家と交渉すること」は、中国や、9.11の「犯人」サウジアラビアなどの代理人をする、クリントン家やブッシュ家を筆頭とするワシントンDCのロビイストたちが常々やってきたことだ。フリンは、トランプ政権就任前の民間人だった昨年末に、駐米ロシア大使と電話し、オバマがやった追加のロシア制裁について話した。フリンは電話で「トランプ政権になったら、対露制裁を続けるかどうか再検討する」と述べた。社交辞令的な他愛ないこのやり取りが、ローガン法違反とみなされた。これ自体、すでに濡れ衣だ。

　フリンの更迭理由の2つ目は、このロシア大使との電話で話した内容についてウソをついたこと。フリンは、問題の電話について後日ペンス副大統領に問われた際、対露制裁の話はしていないと返答したが、問題の電話をFBIが盗聴しており、制裁の話をしていたことが発覚し、それを知ったペンスがフリンをウソつきだと激怒した。実のところ、フリンは上記の社交辞令的なやり取りしかしていない。対露制裁について突っ込んだ話をロシア側としていない。軍産傘下のペンスがフリンを「ウソつき」扱いしたのも濡れ衣的だ。

　トランプ政権で対露和解を主導する「ロシアのスパイ」フリンが、駐米ロシア大使に、オバマがやった対露制裁の解除を約束した、というのが、フリン非難のマスコミ報道の骨子だ。FBIの電話盗聴で、フリンのスパイぶりが立証された、とも喧伝された。しかし実際は、フリンは社交辞令しか話していない。スパイでない。しかもFBIやNSAなど米当局は、裁判所の令状なしに米国民を盗聴することが禁じられている。FBIなど米当局は、違法な盗聴をしただけでなく、盗聴記録をワシントン・ポストやNYタイムズにリークして書かせた。フリンよりFBIが犯罪者だ、とトラン

142

プを擁護する共和党の上院議員（上院諜報委員長）が問題にしている。

　これらの話の全体は、大統領選挙中からクリントン陣営や米マスコミが無根拠に言い続けてきた「ロシア政府は、ハッキングや偽ニュースなどによって米選挙を不正にねじ曲げ、ロシアのスパイであるトランプ政権を不正に勝たせた」という濡れ衣のシナリオに沿っている。オバマ政権は、このウソ話を根拠に昨年末、駐米ロシア大使館の要員を制裁対象に加えて強制帰国させた。この追加制裁に関する電話のやりとりを理由に、今回フリンが更迭された。

　フリンへの圧力は、1月20日のトランプの就任直後から高まり続けてきた。その後、プリーバス主席補佐官やコンウェイ顧問、スパイサー報道官といった他のトランプ側近についても、トランプに評価されていないとか、失言や間違った行動が喧伝され、辞めさせられるかもと報じられている。

ポイントは対ロシアでなく対イラン、イスラエル中東問題？

　近年の米国がロシアを敵視する根拠は、ウクライナ東部にロシア軍が侵攻したと喧伝されていることと、ウクライナ領だったクリミアをロシアが併合したことだが、前者は事実でない（ロシア人で個人的に義勇兵としてウクライナ東部に行った者は多数いるが、ロシアの政府や軍隊は関与していない）。後者は、重要な露軍港があって住民もロシア系ばかりのクリミアをウクライナに預けておく前提だったウクライナの親露性を、米国が扇動してウクライナの政権を転覆して喪失させた（反露な極右政権に差し替えた）からであり、併合はロシアの正当防衛といえる。米国（米欧日）のロシア敵視は、濡れ衣＋自作自演のインチキで、その上に「トランプ政権はロシアのスパイ」という無根拠話が乗り、さらにその上に、今回の濡れ衣に基づくフリンの更迭話が乗っている。

　トランプは、濡れ衣に基づくロシア敵視の構造を壊してロシアと和解する姿勢をとり、イラク侵攻以来の軍産マスコミの濡れ衣戦争にうんざりする米国民に支持されて当選した。だが、フリンに関してトランプは、マス

4章　ロシア・中国との関係はどうなる …… *143*

コミを非難しつつも、軍産側が用意したウソの構図を否定せず、フリンを更迭した。すでに書いたフリン更迭の2番目の理由であるペンス副大統領の怒りは、トランプ政権内部の話であり、軍産と関係ない（ペンス自身は軍産系の人だが）。はじめに書いたとおり、トランプ自身がフリンを更迭したいと考えていたはずだ。

フリン更迭の最大要因はロシアではなくイラン核協定

　フリン更迭は、トランプのロシアとの関係の中でしか報じられていないが、フリンのもうひとつの特徴は、オバマが締結したイラン核協定に強く反対し、トランプ政権内で核協定の破棄（再交渉）最も強く主張していたことだ。ネタニヤフ訪米で、トランプがイスラエルを中心とする新たな中東戦略（対アラブ和解の優先）を打ち出したこととのタイミングの一致から考えると、フリン更迭の裏側にある最大要因は、ロシアでなくイラン核協定だと考えられる。

　イラン核協定も、濡れ衣とウソ話の多重構造になっている。米政府はイラク侵攻後、イランが核兵器を開発しているので先制攻撃すると言い続けたが、イランは核兵器など開発していなかった。それは国連のIAEAが何度も出した報告書で立証されている（イランは、米国を交渉に引っ張り出すため、大量の遠心分離器を買うなど、疑われる行動はしていた）。オバマ政権は、イランの核兵器開発を抑止する核協定を国連（P5＋1）の枠組みで2015年夏に調印し、米議会を迂回するやり方で発効させた。ネオコンやイスラエル右派は「イランは協定をこっそり破って核兵器開発している（はずだ）。協定を破棄せよ」と無根拠に主張し続けている。

　トランプは、この右派のインチキ運動に乗り、イラン核協定を廃棄すると選挙戦で宣言し、オバマ憎しで核協定に反対するフリンを起用した。トランプのこの動きは、米政界に強い影響力を持つイスラエル右派を取り込んで当選するためだったと考えられる。トランプは、対ロシアで濡れ衣戦争の構図を打破してプーチンとの和解を打ち出す一方、対イランでは最もウソな濡れ衣戦争の構図に便乗して核協定破棄を打ち出してきた。

　イスラエル政界は、右派（西岸の不正入植者集団）に牛耳られている。

ネタニヤフは右派を代表する指導者として政権をとっているが、右派の言うとおりにやっていると、イスラエルはまわりが敵ばかりになって滅びる（米国でイスラエル右派を支持するキリスト教原理主義者たちは、イスラエルを滅亡に追い込んでキリストを再臨させようとしている）。右派はイラン核協定の破棄を叫ぶが、イスラエルの軍部や外交界は、イランの核兵器開発を抑止できる現協定の維持を希望している。

　ネタニヤフは今回の訪米で、トランプの協力を得て、対サウジ和解、ヨルダンと西岸の合邦という、成功すれば中東の新たな安定につながる、従来の２国式とは異なる道を歩むことを発表した。右派が進めている西岸入植地の拡大は、２国式の推進を不可能にしているが、入植地以外の西岸をヨルダンに合邦する新政策を追求するなら、西岸に入植地があっても大した問題でなくなる。新政策を実現するため、トランプは娘婿のユダヤ人のクシュナーを中東特使として重用している。ネタニヤフの訪米と同期して、トランプはCIA長官を中東に派遣してトルコ、サウジ、パレスチナ（西岸）を回らせ、イスラエルとアラブ・イスラム側の和解を後押ししている。

　これらの新たな動きが始まるのと同時に、トランプは、イスラエル右派の気を引くために採っていたイラン核協定破棄の姿勢を静かに取り下げ、核協定破棄を推進する担当者だったフリンを、濡れ衣の罪で辞めさせた。そのように私は分析している。フリンの後任の安保担当補佐官になると報じられているロバート・ハーウォードは、ロードアイランド州の実家がイラン系米国人の居住地区に隣接し、幼少時からイラン人（イラン系米国人）と接して生きてきた「知イラン派」だ。

　話を対ロシアに戻す。フリンの辞任により、トランプ政権は今後、ロシアと和解する姿勢を棚上げしていく可能性が高い。トランプは「ロシアはクリミアをウクライナに返せ」と言い出している。前述したように、ウクライナが反露政権である限り、ロシアはクリミアを自国領にし続ける。前から書いているが、トランプの目標は覇権構造の転換（多極化）であり、米露が和解しなくても多極化が進むなら、対露和解は重要でなくなる。今年の欧州の選挙で、独仏が親露的な傾向の政権になれば（たとえば仏がルペン、独はSPD）、西欧はウクライナの反露政権を支持せず批判制裁する

ようになる。そうなると、いずれウクライナの政権は反露から親露に再び
戻る。ウクライナが親露政権になると、ロシアはクリミアをウクライナに
返還しやすくなる。ロシアがクリミアをウクライナに返すと、トランプか
今出している条件が満たされ、米露和解が実現する。

　トランプは 2017 年 2 月 18 日、就任後初の、2 万人の支持者を集める予
定の集会を、フロリダ州メルボルンの空港の大きな格納庫で開く。そこは
2016 年 9 月、トランプが会場に入りきらない数万人の支持者を集め、当
選への道を開いた記念すべき場所だ。2020 年の再選に向けた動きの始ま
りと報じられているが、タイミング的に、軍産リベラルマスコミとの闘い
で負けないための、有権者からの支持を示すための闘争戦略にもみえる。
トランプと軍産との戦いはまだまだ続く。

5章　トランプ登場で激変する中東

1　トランプの中東和平

　今の米国は、大統領のトランプが「親イスラエル」「親ロシア」で、議会やマスコミは「親イスラエル」だが「反ロシア」だ。シリアへの露軍進出の成功で、中東は、米国からロシアの影響圏に変わり始めた。イスラエルも、これまでの米国依存一辺倒から、米露両方への依存に転換しており、米露の敵対を望まない。米露イスラエルの協調体制ができそうなので、英国も方向転換してそこに入ろうとしている。

　米政界の親イスラエルを扇動したのは、2016年末、国連安保理にイスラエルの入植地拡大への非難決議を可決させたオバマ大統領だ。任期末で力のないオバマの動きに、イスラエル傀儡の米議会は猛反対し、国連を脱退せよとの主張まで出た。

　イスラエルにとっての問題はむしろ、米露との新協調体制で国家の安全をどう確保するかだ。2国式を進めてパレスチナ国家を作ると、不安定な国になり、ムスリム同胞団（ハマス）やISアルカイダが跋扈してイスラエルに戦争を仕掛けるのでダメだ。現実策としてありうるのは、イスラエルが東エルサレムや西岸の入植地の一部を自国に併合し、残りを米イスラエルの傀儡王政であるヨルダンが併合する「合邦」だ。トランプが、選挙公約である駐イスラエル大使館のテルアビブからエルサレムへの移転を挙行すると、それに扇動されてイスラエルが東エルサレム併合に動き、ヨルダン合邦への道がなし崩しに始まる。

トランプがネタニヤフを呼んで米議会にロシア敵視をやめさせる構想

　米政界の主流では最近、国際関係をめぐって２種類の「激情」が渦巻いている。「ロシア敵視」と「イスラエル支持」である。ロシア敵視の方は、前に指摘したように、ロシア政府に濡れ衣をかけて攻撃する動きだ。イスラエル支持の方は、12月23日に国連安保理でイスラエルの入植地拡大を非難する決議が可決され、イスラエル傀儡色が強い米議会の議員らが激怒し「国連を脱退すべきだ」「国連に金を払うな」といった主張が出ている。米政界の主流派から一線を画すかたちで大統領になったドナルド・トランプは「イスラエル支持」に大賛成で、大統領になったらイスラエル非難決議を無力化するのでそれまでがんばれとイスラエルに声援を送っていた。その一方でトランプは、政界主流派の「ロシア敵視」に反対で、米国は対露和解して覇権の重荷の一部をロシアに割譲するのが良いと考えている。

　こうした米国の対露姿勢と対イスラエル姿勢は、関係ない２つの事柄のように見える。だがトランプは最近、この２つの国際関係を連携させ、米政界主流派のロシア敵視を緩和・転換しようとしている。

　世界が米単独覇権体制だった従来、イスラエルは米政界を牛耳ることが最重要だった。だが、昨年ロシアがシリア内戦に軍事介入して成功し、シリアとその周辺（トルコ、イラク、イラン、レバノン、エジプトなど）で、米国の影響力が低下しロシアに取って代わられる傾向が進み、イスラエルもネタニヤフが何度もプーチンと会ってロシアとの関係を強化した。同時期にオバマは入植地拡大をやめないネタニヤフへの批判を強め、イスラエルは国家安全を米国でなくロシアに頼る傾向を強めている。まだ米政界への影響力を持っているイスラエルは、米露が敵対することを望まず、その意味でトランプの味方だ。イスラエルの圧力で、米議会がロシア敵視を緩和すると、新たな米露イスラエルの協調体制が立ち上がる。

　このような動きを見て、メイ首相の英国が、あわてて方向転換した。英国は2016年末のイスラエル非難決議に賛成票を投じた。非難決議の文案を、米国が反対しない内容に修正し、米国が反対（拒否権発動）から棄権

に転じられるようにしたのは英国だった。第二次大戦直後、パレスチナ国家創設の最初の国連決議も、英国の主導で可決された。（シオニストの味方のふりをした敵であるロスチャイルド家の国である）英国は、昔から（イスラエルを弱体化する）２国式を推進してきた。

だがメイ首相は、イスラエル非難決議を支持した５日後の 2016 年 12 月 28 日、ケリー米国務長官がイスラエル批判の演説を行ったのに対し「これから和平を仲裁しようとする米国が、仲裁する二者の片方であるイスラエルを批判するのは間違っている」と異例の強い批判声明を発表し、米政府を仰天させた。この声明は、トランプに媚を売るためだったとの分析が報じられている。

パレスチナ国家建設＝２国式中東和平はもうダメ。西岸をシリアにしてしまう

トランプも宣言しているとおり、オバマが国連にイスラエルを非難させても、覇権国である米国の大統領が反イスラエルのオバマから親イスラエルのトランプに代わると、非難の効力が減ってしまう。だが、いろいろ分析していくと、別の様相も見えてくる。米国の覇権が低下する中、米国だけが政権交代で反イスラエルから親イスラエルに転じると、イスラム世界や発展途上の反米非米諸国が、米国を無視してイスラエル非難を強め、国連が反米非米諸国に牛耳られる傾向が増し、米国の覇権低下に拍車がかかる。イスラエルの傀儡である米議会では、国連離脱が叫ばれ、国連への運営分担金の支払を棚上げする法案が出そうで、これらも国連の米国離れにつながる。

イスラエルの上層部は以前から、戦後の米英主導の国際社会が定めた２国式和平案に沿って動こうとする中道派と、覇権国である米国を牛耳りつつ右傾化させて２国式を潰して西岸を併合したい右派（入植者軍団。リクードなど）が暗闘してきたが、9.11 以降、右派が強くなり、中道派（旧労働党）が政権を奪回できない状況が定着している。

だが長期政権のネタニヤフは、トランプとプーチンの両方と個人的な強いつながりを持つ唯一のイスラエル指導者であり、今や国家安全に不可欠

5章　トランプ登場で激変する中東 …… *149*

な存在だ。検察内が動き、ネタニヤフの以前の収賄容疑をぶり返し、2016年末から何度も首相を尋問している。しかしネタニヤフが辞任に追い込まれる可能性は低い。もし辞任になると、報復としてイスラエル軍内などの右派が、ヒズボラとの無謀な戦争を起こし、自国を国家破綻に追い込む中東大戦争を引き起こしかねない。イスラエルの安全保障部門に根を張る右派は、簡単に自国を破壊できる。ネタニヤフの辞任はハルマゲドンにつながる。第三神殿建設の方がましだ。ムスリムの激怒より右派の激怒の方がこわい。中道派もそれを知っている。

　今後もネタニヤフ政権が続くとして、問題は、中道派（国際社会、旧エスタブリッシュメント、米英覇権）でなく右派（トランプ、多極型覇権）のルートでの米露との新協調体制によって、イスラエルがどんな国家安全を得られるかだ。2国式は、イスラエルだけでなくパレスチナ人やアラブ全体にとっても良い結果を生まない。シリアを見ればわかる。2国式に沿ってパレスチナ国家が作られると、すぐに政治的、軍事的に過激派がアラブ全域から集まってきて、国際社会が望む世俗民主主義を破壊し、ハマスやISアルカイダが跋扈し、イスラエルを政治軍事の両面で攻撃し始める。

　対抗してイスラエルがパレスチナを軍事経済的に封鎖すると、アッバースはアサドより権力がずっと弱いので、すぐに西岸はシリアやリビアのような「失敗国家」と化してテロリストの天国になり、イスラエルとの泥沼の戦いになる。この事態を望むのはテロリストだけだ。ハマス（汎アラブ政党であるムスリム同胞団）ですら、政治解決が通用しなくなるこの事態に反対だろう。米国とイスラエルが好戦策をやめ、中東全域でテロが根絶されて平和と繁栄が続くなら、90年代前半のように2国式に希望が見いだせるだろうが、今から急にすべてが理想的に早回しで展開しても、そうなるまでに10－20年かかる。

　現実を見ると、最近、ISがイラクから国境を超えてヨルダンや、エジプト北部のシナイ半島に拡大し、テロや人質事件を引き起こしている。ヨルダンとシナイ半島はパレスチナ（西岸）に隣接している。こんな状態で西岸にパレスチナ国家ができたら、間違いなくISが西岸に入り込んで混乱させ、パレスチナを失敗国家にしてしまう。現実的に考えて、2国式は

150

ダメだ。

ヨルダンはパレスチナに食われるより食ってしまいたい

　2国式に代わる現実策として米露が今後進めそうなのが、「西岸とヨルダンの合邦（ヨルダンによる西岸の再併合。エジプトのガザ再併合）」だ。イスラエルが戦勝して西岸とガザを占領した1967年の中東戦争より前、西岸はヨルダンが、ガザはエジプトが統治していた。レーガン政権が2国式を開始し、米傀儡国のヨルダンがイスラエルと国交正常化した1988年まで、ヨルダンは西岸の住民を自国民とみなしていた。合邦は、事態を67年以前に戻す構想だ。ただし、その前にイスラエルは東エルサレムと境界線近くの西岸入植地を自国に併合し、残りをヨルダンに移譲したい。

　2国式は、東エルサレムをパレスチナの首都に、西エルサレムをイスラエルの首都にする定めになっているが、それは破棄され、エルサレムは東西合わせてイスラエルの首都となる（そこで東エルサレムにある神殿の丘の遺跡の上にあるモスクをユダヤ神殿に改築する、右派好みの第三神殿の話が出てくる）。これらにより、イスラエルの右派は満足し、ヨルダン合邦に賛成する。アラブとイスラム世界は不満が大きいが、たとえばイスラエルが少し譲歩して第三神殿を作らずモスクを維持して西岸からの参拝路を用意するなどすると、イスラム側の不満はやや和らぐ（その分ユダヤ右派の不満が増大する）。イスラエルの合邦推進者たちは、パレスチナ人の多くが、今のひどい占領状態より、合邦の方がましだと思うようになったと言っている。

　トランプは、在イスラエル米国大使館を今のテルアビブからエルサレムに移転することを選挙公約しており、オバマが定めた移転棚上げ決定の期間が切れる2017年6月以降、トランプが移転を決定するかもしれない。大使館の移転は、米国がエルサレムをイスラエルの首都とみなすことになり、米国が2国式を放棄したことを意味する。イスラエルは、2国式を建前的に支持する必要がなくなり、地理的な観点から併合可能な西岸の主な入植地を自国に併合していきそうだ。あとは、ヨルダンが残りの西岸を併

5章　トランプ登場で激変する中東 …… *151*

合するかどうかの話になる。

　トランプは、娘婿のクシュナーを中東担当顧問に任命し、「中東和平」を進めたいと言っているが、トランプが進めたい「中東和平」は、2国式でなくヨルダン合邦になる可能性が高い。ヨルダンとパレスチナ（西岸）がいったん合邦した後、いずれ西岸がヨルダンから独立してパレスチナ国家になる予定にする（だが独立は永遠に実現しない）という、2国式の体裁をとった合邦になるかもしれない。

　ヨルダン国王は表向き、西岸の併合に反対している。しかし、2国式に沿ってパレスチナ国家が作られた後に過激化し、イスラム主義の政治をヨルダンに輸出して王政を倒そうとする動きが強まった場合、脅威にさらされるのはヨルダン国王だ。ヨルダンの最大野党はハマス（同胞団）であり、パレスチナ国家の創設はすぐヨルダン野党の強化につながる。1999年に死んだ前国王は、パレスチナ国家が過激化してヨルダン王政が食われてしまうより、ヨルダンが西岸を食う合邦の方がましだと考えていた。現国王も2国式が欧米の目標なので合邦に反対してみせているが、米国がトランプになって合邦を推進するなら静かに賛成すると考えられる。

　ヨルダン国王は2014年と16年に、自分の権限を大幅に強化している。ヨルダンは11年のアラブの春の民主化運動の影響で、国王の権力（首相の任命権など）を削ぎ、議会に権力を移譲する傾向だった。だが、それは近年逆流し、国王は軍事や外交、治安維持、司法などの全権を議会から取り戻し、上院議員の任命権まで持った。議会が人選した候補の中から国王が高官を選ぶ以前のやり方は廃止され、国王が自由に決められるようになった。ヨルダンは、米イスラエルの傀儡国なので、国王の独裁強化には米イスラエルの支持があったはずだ。

　現在すでにヨルダン国民の約半分がパレスチナ人（イスラエル建国後にヨルダンに移住した人）だ。合邦すると、ヨルダン議会でのパレスチナ人の影響力がさらに増し、王政を倒して民主化（パレスチナ化）しようとする政治力が強まる。合邦の前に、国王が議会から権力を再剥奪することが必要だ。国王の権限が強化されるたびに「2国式より合邦の方が良い」という指摘がイスラエルなど中東のマスコミで喧伝される。2つの動きは連

動している感じだ。国王の権限強化はすでに一段落したようなので、トランプ就任後、これまで隠然と推進されてきた合邦構想が顕在化し、２国式に取って代わる可能性がある。

すでに書いたように、中東の覇権は、米国からロシアに移譲されつつある。今後の中東政策は米露協調、または「ロシア主導・米国は口だけ」で行われる。プーチンは現実主義の政治家で、中東が安定するなら２国式でなく合邦でもかまわないと考えているはずだ。ロシアは年末の国連安保理でのイスラエル非難決議に賛成したが、その姿勢はイスラム世界との付き合いのためだ。16年11月にメドベージェフ首相がイスラエルを訪問するなど、事前に宥和策をとっている。

非米諸国の側では、ロシアがあいまいな感じで親イスラエルなのと対照的に、中国は明示的に親アラブで、イスラエルの入植地拡大を批判し続けている。国際政界で露中は結託しているので、ロシアがイスラエルを代弁し、中国がアラブやパレスチナを代弁する役割分担にしているのかもしれない。

西岸をヨルダンと合邦する構想には、ガザをエジプトが合邦するという「下の句」がついている。ガザには、すでにユダヤ人入植地がない（シャロン元首相が右派の反対を押し切って全撤去した）ので、その点はやりやすい。だが、エジプトの現在の政情を見ると、合邦は不可能だ。ガザは、ムスリム同胞団のパレスチナ支部であるハマスが支配している。そして今のエジプトは、11年のアラブの春で政権をとった同胞団を、軍部が14年のクーデターで追放し、シシ将軍の軍事政権が作られ、何とか国を運営している。この状態でガザを併合し、200万人の同胞団支持のガザ市民がエジプトに流れ込むと、同胞団が最台頭し、軍政を揺るがしかねない。ヨルダンは国王が権限を強化し、西岸を併合しても王政が揺らぐ懸念が減ったが、エジプトはまだダメだ。イスラエルにとって、テルアビブなど人口密集地に近い西岸の安定が、とりあえず封じ込めてあるガザより先だ。

２国式の不能性が広く認知され、パレスチナ人の多くが合邦でも良いから平和になってほしいと思うようになると、合邦が具現化する。ヨルダンが、国王を戴くパレスチナ国家になる。パレスチナ人がある程度満足する

なら、これがパレスチナ問題の「最終解決」になり、イスラム世界がイスラエルと和解するプロセスに入れる。そこまで到達できるかどうかわからないが、これぐらいしか解決に至りうる方法はない。パレスチナ問題が解決されないと、中東は安定しない。テロも根絶できない。ロシアと協力して西岸とヨルダンの合邦を推進しそうなトランプは、中東と世界を安定させうる可能性を持っている。

2　プーチンとトランプのリビア再統合

　北アフリカのアラブ（アラビア語圏）のイスラム教の国であるリビアは、オバマ政権が国家崩壊させ、破壊してしまった国の一つだ。リビアは、内陸が砂漠で、人口の多くは、西部の首都トリポリ、東部のベンガジなど、地中海岸に沿った都市に住んでいる。西部（トリポリタニア）と東部（キレナイカ）は、かつて別々の国であり、歴史的なライバルだ。1969 年のクーデターから 2011 年の殺害まで権力者だったカダフィが、独裁の強権によって国家統合を維持していた。だが、米国が支援した「アラブの春」の反政府運動で 11 年にカダフィが失脚・死去すると、とたんに国家統合が崩れ、東部と西部、イスラム主義者と世俗派などの対立軸でリビアは内戦に陥り、いくつもの勢力に分割されたまま、5 年たっても国家再統合できていない。

　このようにリビアは、シリアなどと並び、オバマ政権の国際戦略の失敗の象徴である。だが、そんなリビアが今後、トランプ新政権がプーチンのロシアと協力することで、再統合を成し遂げる可能性が見えてきている。

　リビアを含む中東に対するトランプやプーチンの戦略を語る前に、これまでのオバマ政権のリビア戦略、中東戦略について分析する必要がある。オバマ政権の米国は、チュニジアからエジプト、リビア、シリアなどに広がった 11 年からの「アラブの春」の政権転覆策によって、中東各地にムスリム同胞団の政権を作ろうとしていたふしがある。

ムスリム同胞団は、国際共産主義運動のイスラム版とでもいうべき国際政治運動だ。20世紀初頭以降、世界各国に金太郎飴的な同種の共産党の組織が作られ、選挙や革命で政権を取って世界中を共産主義化しようとしたように、ムスリム同胞団の運動も20世紀初頭以降、アラブ諸国を中心とするイスラム世界の各国に同胞団の組織を作り、選挙などで政権を取っていき、最後はイスラム世界の全体を一つの同胞団の国際共同体にすることを目指した。世界各地の国が共産党を政権転覆をめざす危険な組織として弾圧禁止したように、イスラム諸国の多くが同胞団を危険な組織として弾圧禁止した。だが、同胞団の支持者、その系統の思想を受け継ぐ人々は、目立たない形でイスラム世界の全域に存在している。多くの（独裁的な）アラブ諸国で、同胞団は最大野党だ。トルコで01年から政権を握っているエルドアン政権（公正発展党）は、明言していない同胞団である。

　11年からの「アラブの春」は、アラブの各国で米国が扇動する民主化運動によって独裁政権が倒れ、その後の選挙で同胞団が連立政権の主要政党になる展開となった。01年の9.11後、米国の共和党ブッシュ政権は、中東への軍事介入の口実として「（軍事的な）政権転覆による中東民主化」の政策を掲げたが、それは09年からの民主党オバマ政権で継承・改変されて、アラブの春の扇動になった。オバマは左翼なので、アラブ諸国の王政、軍政の独裁政権が民主化運動で倒され、国際共産主義運動のイスラム主義版である同胞団の政権が各地に作られ、それらが国際的に連携し、中東全域が同胞団の共同体になっていくことをひそかに支持した可能性はある（そのように指摘する米国の分析者が複数いる）。同胞団がアラブを一つの強い国にすれば、国際的な「極」の一つになるので多極化にも都合がいい。この流れの中で、リビアのカダフィが殺され、エジプトのムバラクが失脚し、シリアのアサドも倒されかけた。

　同胞団の運動は歴史的に、共産党と同様、武装闘争を目指した時期もあったが、近年は民主的な非暴力の政治運動になっている。しかし、同胞団が中東を席巻することを何とか防ぎたいアラブの王政、とくに同胞団による政権転覆の最終目標にされがちなサウジアラビアの王政などは、アラブの春を潰すための策として、アルカイダやIS（イスラム国）といった

5章　トランプ登場で激変する中東 …… *155*

暴力的なイスラム主義武装闘争（テロ）の組織を活用した。

　エジプトは軍部が強かったので、クーデターで同胞団の政権を倒して軍政を再樹立し、将軍のシシが大統領になったが、シリアでは独裁者アサドの政府軍が、同胞団やアルカイダ IS の反政府諸派との内戦になり、サウジや米国、トルコが反政府側に武器を供給し、同胞団は軍事的にアルカイダ IS に吸収されてしまい、現状の内戦になっている。独裁者カダフィがあっさり失脚死去した後のリビアでは、無政府状態の中、武装した同胞団とアルカイダや IS が戦う恒久内戦になった。オバマの「中東同胞団化作戦＝アラブの春」は、こうして失敗した。

　リビアでは国家再統合を目指して 12 年と 14 年に選挙が行われたが、14 年の選挙で世俗派が圧勝すると、惨敗（200 定数のうち 30 議席しかとれず）を不満とした同胞団主導のイスラム主義者の勢力「リビアの夜明け」がクーデターを起こし、リビアは再び内戦に陥った。その後、米国などは 15 年になって、内戦終結策として、選挙でなく政治交渉によって、リビア西部の首都トリポリを拠点とする同胞団勢力を中心に、連立政権を作らせようとした。その結果、15 年末に「国民合意政府」（GNA）が結成され、米国の圧力を受けた国連も、GNA をリビアの統一政府として認知した。だが、世俗派やリビア東部の勢力は GNA を「同胞団支持の外国勢力が勝手に作ったもの」とみなして統一政府として認めず、その後も内戦が続いている。

ロシアがリビア東部に基地を作って内戦平定に協力するかも

　リビア東部と地理的に隣接するエジプトのシシ政権は、13 年のクーデターで同胞団政権を倒して作られただけに、リビアに統一的な同胞団の政権ができることをひどく嫌っている。リビアに同胞団の政権ができると、エジプトで禁止されている同胞団が、シシ政権を倒そうとする民主化運動を活発化させかねない。オバマ政権の米国も、それを狙っているはずだ。

　エジプトは、リビア西部の同胞団主導のオバマ肝いりの国民合意政府（GNA）政府が東部をも席巻していくのを阻止するため、リビア東部の反

同胞団な勢力をテコ入れし、東西リビアの和合を阻止している。中東全域でみると、UAE（アラブ首長国連邦）も同胞団敵視の戦略をとっており、エジプトとUAEが協力してリビア東部の反同胞団な軍事勢力（「リビア国軍」。LNA）や、東部の議員団（14年の選挙で圧勝したがクーデターでやられた世俗派議員で構成するリビア国民代表院。HOR）を支援している。対照的に、トルコやカタールは同胞団を支援している。

　このような、海外諸国の介入も含めてリビアの内戦が続いている中で、米国の大統領がオバマからトランプへと交代した。オバマは親同胞団だったが、トランプは反同胞団だ。トランプは選挙前、選挙後に、リビアについて何も語っていないが、穏健派の同胞団から、過激派のアルカイダ ISまでのイスラム主義勢力の全般を敵視している。同胞団を弾圧するエジプトのシシ大統領を「強い指導者」と称賛しているし、オバマ政権がイスラム主義のシリア反政府勢力を支援してきたことに強く反対している。オバマ政権は、リビア西部の同胞団主導の連立政権 GNA を支持してきたが、トランプ政権は GNA に対する支持をやめる可能性が高い。

　GNA は15年末に結成されて以来、リビアの内戦終結、国民的な和合、経済立て直しなどに努力してきたが、いずれも失敗に終わっている。リビア中央銀行の総裁は最近、GNA のファイズ・サラージ首相は経済政策を何も知らないと批判し、さじを投げている。英国のシンクタンクなどが、GNA はもうダメだと結論づける報告書を出している。11月末には、GNAに参加していた世俗派と同胞団系の武装勢力が、首都トリポリで武力衝突して戦闘する事態になっている。GNA は崩壊に瀕している。

　米国の大統領が、同胞団や GNA を支持するオバマから、支持しないトランプに交代することが決まるとともに、GNA が崩壊し始めたのはタイミングが絶妙だ。トランプは、自らリスクをとって意思表明することなく、流れに任せるだけで、オバマから継承した GNA 支持を自然に破棄できる。リビアの政権転覆は、クリントンが国務長官だった時だ。クリントンが次期大統領がなっていたら、米国の同胞団 GNA 支持は不変だった。次期大統領がトランプに決まるとともに、同胞団によるリビア再統一策が崩れている。

リビア西部のシルトには IS（イスラム国）が陣取っていたが、最近、リビアの他の勢力が IS を掃討し、追い出しに成功している。これも、米国がオバマからトランプに代わる時期に同期しており、興味深い。

トランプの世界戦略の基本は、プーチンのロシアと組むことだ（軍産の妨害で延期されているが）。そして、ロシアもトランプと同様、反同胞団の姿勢をとっている。ロシア政府は 16 年 6 月と 11 月の 2 回、リビア東部で最大の軍事勢力である「リビア国軍（LNA。東部軍）」の指導者、ハリファ・ヒフター将軍をモスクワに招待し、東部軍に対する軍事支援を強めている。ヒフターは今のリビアで最有力な将軍で、元カダフィの部下、のちに反カダフィに転じて米国在住、11 年に 24 年ぶりにリビアに戻り、東部を拠点にカダフィを倒す軍事蜂起を率いた後、そのまま内戦を戦っている。在米が長いヒフターは米国の傀儡色があるが、同胞団を敵視しており、オバマ政権の傀儡でなくむしろ敵だ。

ロシア政府は、東部軍に武器支援していないと発表しているが、東部軍はエジプトから武器支援されており、エジプトはロシアから武器支援されている。ロシアはエジプト経由で東部軍に武器を贈れる。その見返りに、ロシア軍が東部軍の支配地であるリビア東部のベンガジに、空軍拠点（滑走路）や海軍拠点（港湾）を借りる話が進んでいるとの指摘もある。

東部軍は 16 年 9 月以来、リビアの石油積み出し港を西部勢力（GNA）から奪い取り、リビアの石油収入を東部のものにすることにも成功しつつある（取ったり取られたりしているが）。

ロシアがリビアに軍事拠点を持つと、ロシアの軍事的な地中海支配が強まる。ロシアは現在、シリアの地中海岸タルトスに海軍基地と滑走路を持ち、これが地中海（と同時に世界）で唯一の露軍の在外基地だ。タルトスからリビア東部まで 1500 キロで、基地の離れ具合として地政学的にちょうどよい。リビア東部は、イタリアなど南欧の対岸で、欧州ににらみを効かせられる。15 年以来、リビアからイタリアなどに難民が船で押し寄せているが、ロシアがリビアに基地を作り、難民の北上阻止に協力すれば、イタリアなどはロシアに感謝せざるを得なくなる。

露軍がリビアに基地を作るかどうか未確定だが、基地を作らなくても、

ロシアがリビア東部のヒフター将軍の軍勢を支援すると、リビア内戦は、西部の優勢から東部の優勢、同胞団の優勢から反同胞団の優勢へと転換する。この転換は、エジプトのシシ政権を大喜びさせている。シシは、プーチンへの恩返しとして、シリアのアサド政権を支持すると表明し、アサド政府軍を支援する兵力を出すことにした。リビアの状況は、ロシアとエジプトの協力関係を強め、地中海と中東におけるロシアの支配を拡大している。

　プーチンのロシアは、リビア東部のヒフター将軍らを支援すると同時に、崩壊しかかっているリビア西部のGNAとの対話も続けている。15年末にGNAが結成された時から、ロシアは国連安保理などの場でGNAを支持している。ロシアがリビアの東西両方の勢力と協調している間に、西の優勢が低下して東が優勢になり、ロシアはGNAなど西部の勢力に対し、東部に譲歩するよう求め、東西の交渉を仲裁して新たな連立政権を作れる可能性が増している。

　リビアの多くの勢力が、シリアの内戦を終結させつつあるロシアの手腕を評価し、シリアで培った内戦終結の技術をリビアでも活かしてほしいとロシアに要請し、ロシアによる仲裁を歓迎している。米国のトランプ政権も、ロシアと協調してリビアの東西和解の動きを進めるだろう。オバマやクリントンががんばるほど内戦がひどくなったリビアは今後、トランプとプーチンの米露協調によって、内戦終結に向かう可能性が高くなっている。

　英国の財界はすでに、リビア沖の地中海の島国マルタで、リビア投資のための会合を開いている。トランプにすり寄るメイ政権の英国には、リビアの内戦終結、安定化、経済再編への道が見通せているのかもしれない。

3　トランプ・プーチン・エルドアン枢軸

　トランプは2016年11月8日に大統領に当選してからの2週間に2回、ロシアのプーチン大統領と電話で会談し、米露協調について話を詰めた。

5章　トランプ登場で激変する中東 …… *159*

トランプはその一方で、米政府の CIA など諜報機関が次期大統領向けに毎日行なっている諜報報告会議にほとんど出ず、歴代大統領に歪曲情報ばかり注入してきた諜報機関の話を聞かないようにしている（諜報機関が好戦的な歪曲情報を大統領に注入したがることについては、オバマも以前の雑誌アトランティックのインタビューで指摘している。その前のブッシュは、歪曲情報を真に受けてイラクに侵攻した。欠席ばかりのトランプは賢明だ）。トランプが報告会議に出たのは、当選以来2回だけで、残りは側近たちを出席させている。トランプは当選以来、ロシアの諜報機関出身のプーチンから2回、米国内諜報機関からも2回しか話を聞いていない。これは、プーチンを重視するトランプの姿勢を象徴している。

　トランプが手がける、シリアやイラクにおける米露間の軍事協力体制は、ヨルダン国王が事務局をつとめている。ヨルダン国王は、15年秋にロシアがシリアに軍事進出した後、米露双方に、自分が事務局をつとめるので軍事協力体制を作ったらどうかと何度も提案し、ロシア側の賛同をとりつけたが、米国側のオバマ政権はロシア敵視の姿勢を崩さず、ヨルダンの提案は無駄に終わっていた。トランプは、その話を拾い上げ、自分の政権のために使い始めている。オバマ自身はロシアと協調したかっただろうが、議会は共和党に支配され、米政界全体がロシア敵視の軍産に席巻されていた。オバマは、自由にやれるトランプをうらやましく思っているはずだ。

　トランプとプーチンが協力して行う IS 退治の軍事作戦には、トルコも入って3カ国主導になっている（このほかヨルダンやサウジアラビア、カタールなどの軍が入る予定）。トルコのエルドアン大統領は、当選したトランプにすり寄り、米露の軍事協調の仲間に入れてもらった。トランプから安全保障担当の大統領補佐官に任命された元陸軍幹部のマイケル・フリンが、ロシア政府と軍事協調の実務を担当しているが、フリンは2014年に国防情報局長官をクビにされた後、ロビイスト会社を設立し、トルコ政府から対米ロビー活動を受注していた。

　トルコはイスラム教徒の国なので、エルドアンは今夏まで、イスラム教徒の米入国を禁止すると発言するトランプを批判していた。だが、トランプが当選しそうで、しかも中東における米国の覇権を放棄しようとしてい

るのを見て態度を豹変し、今ではトランプを批判するトルコ国内の動きを批判し続けている。独裁的なエルドアンにごまをするトルコのマスコミ言論人は皆、トランプを称賛している。

エルドアンは、中東におけるトルコの覇権を拡大する「新オスマン主義」を目標にしている。だから、15年秋に露軍がシリアに進出した当初はロシアを敵視し、NATO（米国の軍産複合体）にそそのかされて2015年11月に露軍の戦闘機を撃ち落としたりしていたのに、ロシアがシリアを平定しそうだと見るや、2016年6月の英国の離脱投票直後に戦闘機撃墜を謝罪してロシアと友好関係を急いで結んでいる。その延長線に、今回のエルドアンの動きがある。

トランプが大統領になってプーチンと結託し、シリアやその他の中東各地で、米国の覇権が低下し、ロシアの覇権が上昇する移行期が続くとわかり、エルドアンは米露主導のIS退治の連合軍に入りたいと名乗りをあげ、入れてもらった。エルドアンは以前、ISが密輸出してくる石油を買い上げるかたちでISに資金供与し、ISがトルコ国内で人員募集や補給活動をすることを許す「テロ支援国家」だったが、今ではISを退治する側に転向している。こうしてトランプ、プーチン、エルドアンという、強権的な3人のワルガキどもによる枢軸体制ができあがった。

3人のワルガキが欧州のエリート支配を潰す

米露土の3人の枢軸が標的とするのは、実のところ、ISだけでない。3人はもうひとつ「米軍産複合体に従属する欧州のエリート支配体制」を共通の標的にしている。ドイツのメルケル首相が体現しているEUの体制を、3人は壊そうとしている。地理的にも、米国、ロシア、トルコは欧州包囲網を作れる。2016年6月の英国のEU離脱可決まで、ドイツはメルケル（左右中道2大政党の連立）、フランスは中道左派のオランド、英国は中道右派のキャメロン政権で、欧州各国は中道右派もしくは左派のエリート政党の支配体制が盤石だった。

だが今や、トランプが当選してみると、EU離脱後にできた英国のメイ

政権は、トランプに擦り寄るかのようなエリート批判のポピュリズムの方針を打ち出し、ロシアともタイミングを見計らって和解していく方針を出し、いつの間にかトランプ・プーチン枢軸の側に転じている。英離脱を率いた独立党のファラージ党首は、トランプと大の仲良しになり、米国に引っ越してトランプの顧問（事実上の駐米英国大使）になることになった。

フランスでは 2017 年 5 月の大統領選挙における「極右」のマリーヌ・ルペンの勝算が高まり、オランドやサルコジらの左右中道のエリート支配は風前の灯だ。トランプ側近のスティーブ・バノンは、自分が経営してきた草の根右派（イスラエル右派系でもある）のニュースサイト「ブライトバート（breitbart.com）」のフランス語とドイツ語のサイトを新設し、独仏で「トランプ現象」を扇動し、ルペンを当選させようとしている。トランプ陣営はルペンを応援し、メルケルをババア呼ばわりしている。2017 年 9 月のドイツの選挙でメルケルの中道右派が勝って続投したとしても、他の欧州諸国は次々とトランプ的な反エリート・反軍産な指導者が政権を取り、欧州の軍産エリート支配は崩壊の方向だ。

メルケルは、欧州政界の「トランプ化」に抵抗しうる最後の勢力だ。オバマ大統領がドイツを訪問し「トランプに負けないで頑張れ」とメルケルを激励した。だが、オバマは「死に神」だった。彼に応援された者たちは皆、選挙で敗北した。オバマが 2016 年春、英国を訪問して EU 残留派を鼓舞したら、残留派は国民投票で負けてしまった。オバマに応援されたヒラリー・クリントンも、トランプに敗北した。そして今、メルケルも、オバマが欧州最後の頼みの綱だと言って応援しにきた後、2017 年夏の選挙で勝てるかどうか怪しくなっている。

トランプとの結託を強めるエルドアンは最近、EU から強権政治を批判された報復として、シリアなどからトルコに入ってきている 300 万人の難民を、欧州に送り出すぞと脅している。エルドアンは昨夏にも、自国にいる中東の難民をそそのかして大量に欧州に送り込んでいる。メルケルやオランドや英国の EU 残留派が国民から支持されなくなったのは、それらのエリートたちが、エルドアンが送り込んだ大量の難民を「人道主義」に基づいて受け入れ、欧州人の市民生活が侵害される状態を作ってしまったか

らだ。2016年夏の時点では、まだトランプの台頭もなく、米露土の強権枢軸もなかった（米英の覇権運営者がエルドアンをそそのかした可能性はあるが）。だが今では、エルドアンが難民を欧州に送り込み、トランプやプーチンが、ルペンやその他の反エリート勢力を支援する「欧州包囲網」が見え始めている。

　エルドアンは、トランプ勝利後、中露（特に中国）主導の上海協力機構に正式加盟したいと言い出した（今は「対話相手」という準加盟）。「上海機構に入れば、EUとつきあい続ける必要などない」とも言っている。エルドアンは、トランプ主導の欧州エスタブ支配体制の破壊行為に加担することにして、自国を経済的に欧州から切り離して中国など上海機構の側にくっつけるとともに、欧州の難民危機を再誘発しようとしている。トルコのエリート層に多い欧州かぶれな世俗派は、エルドアンの転換策を受け入れられない。そのためエルドアンは、世俗派エリート層に「クーデターを企てたギュレン派」のレッテルを貼り、大量失職させている。

　私が見るところ、トランプが、他の独裁ワルガキを誘ってやろうとしていることは、覇権の多極化である。これまで米単独覇権体制は、バラバラな中小の国民国家が、米国の覇権に従属してぶら下がる体制だった。対照的に、今後の多極型の世界は、各地域の大国が自分の地域に対して覇権を持ち、地域大国間の談合で国際政治が決まる体制になる。そこにおいて、欧州がEUの解体に見まわれ、ドイツやフランスといったバラバラな国民国家の烏合の衆に戻ってしまうのは好ましくない。欧州はEUという地域覇権体制が維持された方が多極的だ。ルペンら、欧州の反エスタブ指導者は、欧州統合反対、ユーロ廃止、各国ナショナリズムへの出戻りを主張している。だが私が見るところ、彼らは政権をとった後、微妙に方向転換してEU統合を維持（東欧などを切り離して縮小強化）すると予測される（NATOは潰されて欧州統合軍が取って代わる）。そこに行くまでの間に、まず欧州は反エスタブ勢力に席巻されて混乱し続ける。

　米国の政権が軍産敵視のトランプになり、米国において軍産は野党になった。今後、米民主党をサンダース的な左翼が席巻すると、軍産は野党ですらなくなる。軍産が弱体化すると、これまで対米従属（＝対軍産従

属）していた諸国は、従属する先がなくなってしまう。メルケルが負ける
と欧州も対軍産従属でなくなる。豪州でも、対米従属を続けられなくなる
ことについて議論が始まっている。

　フィリピンは転向した。サウジは悶々としている。韓国も内政の暗闘が
始まっている。世界で軍産従属をひきずっているのは、日本とカナダぐら
いになっている。カナダは米国に近すぎるので、いずれリベラルが追い出
されてトランプ化するだろう。日本について、トランプは、安倍が独裁的
な政治家であることに期待しているようだ。独裁が強ければ、官僚が維持
しようとする対米従属の構図を破壊して、エルドアンみたいにやれるかも
しれない。どんどん右傾化して対米離脱する道だ。それが起きるかどうか
はわからない（小泉純一郎は粗野なワルガキだったが、安倍は度量が足り
ず、線が細くて幼稚だ）。

　トランプは、来年のG7シチリアサミットで、プーチンにG7に戻って
きてもらってG8に戻そうとしている。この新G8では、トランプとプー
チンの固い結束が誇示される。英国のメイや、フランスのルペンが、そ
の周りに立ってはなをそえる。イタリアもワルガキ米露へのお追従に回
る。ドイツのメルケルと、カナダのイケメントルドーは困窮し、離れたと
ころに立っている。残る一人はどうするか？　独加の孤立組と一緒に離れ
て立つか？　違うだろう。ワルガキ米露の仲間になるしかない。最もあり
そうなのは、非常に影の薄い、ワルガキの使い走りになっている日本の姿
だ。G8は、米英覇権の組織から、多極型の組織に大転換する。G7各国
がプーチンの再招待に反対するなら、トランプはG7を無視するようにな
る。

4　進むシリア平定、ロシア台頭、米国不信

　シリア北部にあるシリア第2の都市アレッポを、IS（イスラム国）から
奪還するために、シリア政府軍やロシア空軍、イラン系の民兵軍が攻略し

た戦いは、シリア内戦における最大、最重要な戦闘だった。アレッポは16年12月末に陥落、奪還された。この奪還により、シリアの主要部においてアサド政権の統治が復活し、アサドの延命することが決定的になる。

　米国はアルカイダをテロ組織として敵視する建前だが、アサドを敵視するあまり、アサドと戦うアルカイダのことを「非イスラム的な穏健派で、独裁者アサドを倒してシリアを民主化しようとする良い勢力」と故意に誤認し続け、ロシアなどが誤認を指摘しても無視していた。露アサドがアルカイダを撃破してアレッポを奪還することについて、米政府の匿名高官はロイター通信に「米国の中東民主化政策が失敗したことを意味している」と述べている。米政府の中東民主化策は、アルカイダが「犯人」である9.11テロ事件で始まったが、いつの間にかアルカイダを支援することが中東民主化策になっているのが滑稽だ。

　しかも、シリア内戦の平定をロシアに頼んだのは米政府なのに、ロシアがアルカイダを退治してシリア平定の完了が間近になると、米高官が「ロシアが中東民主化策を失敗させた」と対露批判をするという滑稽さも加わっている。

　アレッポの西半分（人口155万人）は、以前からシリア政府軍の管轄下にあり戦禍も少なく比較的平穏な市民生活が営まれているが、人口25万人の東アレッポはアルカイダが占領し、政府軍やロシア軍との熾烈な戦いが続いてきた。2016年9月、いったん米露がアレッポでのテロ退治で協調することを決めたのに、米国が裏切って露シリア軍への敵視を続けたため、ロシアは米国と組むことに見切りをつけ、アルカイダを支援し続ける米国への気兼ねを捨て、シリア軍とともに本格的なテロ退治の猛攻撃をアレッポで開始した。

　その後、露シリア軍は、裏でアルカイダに投降をうながす交渉を続けつつ猛攻撃と停戦を繰り返す戦法で、アルカイダとそれを支援する市民が厭戦機運を強めて市外に逃げ出すよう仕向けた。戦闘開始から2カ月経った16年11月中旬以降、シリア軍は東アレッポの街区の75％を奪還し、アルカイダの投降も進み、奪還した街区では市民の帰還や地雷除去が進められた。

アルカイダを善玉な世俗穏健派と故意に誤認し続ける米政府は、国連安保理や同盟諸国を巻き込み、東アレッポのアルカイダを何とか助けようとしている。国連安保理では、ニュージーランドが米国の意を受けて、東アレッポで露シリアに7日間の停戦を強いる策を提案した。停戦している間にアルカイダは外部から食料や武器弾薬の補給を受け、態勢を立て直せる。アルカイダと戦うロシアは当然ながら、利敵行為（＝テロリスト支援）のNZ案に強く反対し、同じ意見の中国とともに、中露2カ国が拒否権を発動し、馬鹿げたNZ案を否決した。拒否権発動は1か国だけで十分効力があるが、中露が同時に拒否権を発動することにしたのは、馬鹿げた策を続ける米国と同盟諸国に「いいかげんに目を覚ませ」と喝を入れる意図がありそうだ。ロシア外相は「テロリストがアレッポにとどまることは許されない。出て行くか、死ぬかだ」と述べている。米政府（軍産）の片棒をかつぐ米国などのマスコミは、これを「シリアの民主化を嫌う独裁の中露が、拒否権発動でまた悪事している」という論調で報じている。

米英仏は、東アレッポがアルカイダに占領されていたそれまで、東アレッポに人道支援と称して食料などを送り込む努力を続けていた。だが、東アレッポの75％をアサド軍が奪還し、その地域にテロリストがいなくなって支援物資を簡単に送り込めるようになったとたん、米英仏は、奪還されアサド政権下に戻った地域への人道支援を全くやりたがらなくなった。

この動きは、国連のシリア担当官もグルになっている。ロシアの防衛省は「米英仏はこれまで、東アレッポの一般住民でない人々（つまりアルカイダ）に支援物資を送っていたので、それがいなくなったらもう支援物資を送りたがらない」と皮肉りコメントしている。これまで延々と大量殺戮を助長してきたのは、露アサドでなく米欧だ。人々を勘違いさせ続けるマスゴミは早く潰れるべきだ。

シリアでの米欧系の報道は、これまでふんだんに歪曲が含まれていた。最近判明したことの一つは、アレッポなどで、砲撃で崩れた建物の瓦礫の中に埋まった人々を救出する「白ヘルメット（White Helmets）」と呼ばれるNGO組織に関することだ。白ヘルは、米欧マスコミのシリア報道の重要な現場の情報源になっている。だが、鋭い指摘をよく発するゲレス・

ポーターによると、白ヘルの多くは、米外務省や英外務省から資金をもらって動いており、アサドを悪者に、アルカイダ（ニセ穏健派）を善玉として描く歪曲的な情報をマスコミに伝える傾向が強い。何年もシリア内戦を報じているマスコミは、この仕掛けに気づいているはずなのに、歪曲報道の垂れ流しを続けている。

エジプトが米サウジに見切りをつけ露アサド側に仰天の転向

アレッポ奪還が実現すると、シリア内戦は一段落する。だが、軍事的な一段落の前に、政治的に内戦後のシリアの安定的な状況を確定する必要がある。問題はいくつかあるが、最大は北部のトルコ国境近くに住むクルド人への自治付与の程度だ。クルド人は強い軍隊（民兵団、YPG）を持ち、アレッポ奪還に貢献し、並行して進んでいるラッカ攻略でも大きな役割を担っている。クルド軍（YPG）は米国からも軍事支援を受けている。アサドは、クルド軍の協力を得るため、内戦が終わったらクルド人に従来より大きな自治を与えることを、嫌々ながら認めている。

だが、これにはトルコが猛反対だ。トルコの国境のすぐ南側にクルド人自治区ができると、トルコ国内のクルド人の自治要求が煽られてしまう。イラク戦争後、イラクのクルド人が実質的な自治を獲得し、その影響で、すでにトルコのクルド人の自治要求が激化し、トルコ政府は鎮圧に手こずっている。トルコのエルドアン大統領は、内戦終結後のシリアでクルド人に大きな自治権を得ることがないよう、アサドの後見人であるロシアに頼むことにして、2016年6月、それまでの反露姿勢を突然やめて、親露姿勢に急転換した。

トルコはその後、アレッポの反政府テロリストを投降させるべく説得するなど、ロシアへの協力をやり、プーチンにすり寄っている。エルドアンの目論見は、アサドもクルド人に自治を与えたくないので、アサドと隠密に話し合い、プーチンの協力も得て、内戦後のシリアでクルド人になるべく自治を与えないようにすることだろう。これが成功すると、クルド人はシリア内戦の終結に大きな軍事貢献をしたのに、ほとんど見返りを得られ

なくなる（第一次大戦後、クルド国家創設を約束した英国に裏切られた時の繰り返しだ）。

　トルコと並んで最近、エジプトも、親ロシアの立場でシリアに入ってきた。エジプト軍事政権のシシ大統領は2016年11月22日、欧州のテレビ局の取材に対し、アサド政権を支持すると表明した。11月12日には、エジプト空軍の操縦士18人がシリアの空軍基地に到着し、ロシアがシリアに供給したヘリコプターや軍用機の操縦や、シリア軍の訓練にたずさわるかたちで、エジプトからシリアへの軍事支援が始まっている。

　エジプトは従来、親米親サウジの国で、米サウジが敵視しているアサド政権に冷淡な姿勢をとってきた。エジプトは親米を堅持してきたが、米国は、民主革命で生まれたムスリム同胞団の政権をクーデターで倒して政権を奪回したエジプト軍部のシシ政権に冷淡で、米国は経済支援も渋るようになった。ここ数年、冷淡になった米国に代わって、ロシアがエジプトに接近してきた。シリア内戦に軍事介入して成功したロシアが中東での影響力を拡大し、米国の覇権が低下するなか、エジプトはシリアに関して親露的な態度を強めるようになった。

　2016年10月には、国連でのアレッポ停戦に関する決議案の評決で、エジプトは米サウジに逆らう形でロシア主導のアレッポ停戦に賛成票を投じた。怒ったサウジは、エジプトへの石油の格安輸出（経済支援）を停止する制裁を発動したが、これに対してエジプトは、米サウジとの親密関係に見切りをつける方向に進み、今回のシシによるアサド支持の表明や、シリアへの軍事支援開始につながった。

　これまで中東でかなりの影響力を持っていたサウジは、シリア内戦で負け組に入り、後ろ盾としての米国の中東覇権も低下するなか、外交力が急速に弱まっている。エジプトの寝返りは、その象徴だ。エジプトはサウジから買えなくなった分の石油を、米サウジの敵であるイランから買うことを検討している。エジプトの石油相はイラン訪問を計画している。エジプトはロシアと初の合同軍事演習を実施し、ロシアの軍艦はエジプトのスエズ運河経由で、地中海と紅海やインド洋の間を自由に行き来できるようになった。エジプトの寝返りは地政学的な大異変だ。

エジプトが今のタイミングで、ロシアに協力するかたちでアサド支持を始めた理由は、もうひとつある。それはエジプトの隣国であるリビアに関するものだ。トランプが大統領になり、米露協調が始まると、ヒラリー・クリントンらオバマ政権が国家破綻させて無茶苦茶にしたリビアも、安定化していきそうだ。

5　米国を孤立させるトランプのイラン敵視策

　トランプは、オバマがイランと結んだ核協定を破棄（再交渉）し、イランのミサイル試射を機に、イラン制裁を強化すると言っている。だが世界各国は、それについてこない姿勢を強めている。トランプが和解するはずのロシアは、イランの肩を持った。中国もイラン制裁に反対している。サウジアラビアなどアラブ産油国（GCC）は逆に、イランとの対話を開始することにした。トランプからイラン制裁強化の宣伝役を任されたイスラエルのネタニヤフは、英国に行ってメイに圧力をかけたが、結局メイはイランとの既存の核協定を堅持した。エアバス機を売り込んだフランスも核協定支持を表明。米国内でも、与党共和党の議会筆頭のライアンが、核協定の破棄は簡単でないと言っている。

　だがトランプはむしろ、孤立するほど過激になる。トランプは共和党のイラン敵視議員と結託し、イラン政府の軍隊である「革命防衛隊」をテロ支援組織に指定して制裁する法案を議会で通そうとしている。防衛隊は中東最強の軍隊のひとつで、イラク、シリア、レバノンといったシーア派系諸国でも大きな影響力を持っている。米国が防衛隊をテロ指定すると、イラン国内やシーア系諸国で反米ナショナリズムが扇動されて強硬派が台頭し、親欧米的な穏健派が力を失う。防衛隊は、制裁されるとむしろ影響力が増して得をする。イランはトランプと張り合う姿勢を見せ、2度目のミサイル試射を挙行した（イラン政府は2度目の試射の実施を否定）。

　米議会では、シーア派のイラン革命防衛隊だけでなく、スンニ派の世界

的な政治組織である「ムスリム同胞団」をもテロ支援組織に指定して制裁する法案を検討している。同胞団は穏健派であり、テロ支援などしておらず、制裁は逆効果だ。米国内外の政府機関や専門家がそう言って同胞団制裁に反対しているが、トランプは無視している。米国のイスラム教徒の主要な合法団体は同胞団系で、それらが閉鎖されると、米国のイスラム教徒の政治活動は地下化し、テロがむしろ起こりやすくなる。トランプは、米国の孤立化や、中東から米国自身を締め出す流れを扇動している。

ロシアとの和解を棚上げして世界にイランを敵視させる

　2017年1月29日にイランがミサイル発射実験を行ったのを機に、米国のトランプ政権が、イラン制裁の再強化と、オバマ政権が結んだイランとの核協定を破棄（表向きは、いったん破棄して再交渉）する姿勢を強めている。

　ロシアのラブロフ外相は、イランが中東でのテロ退治に必須な勢力だと評価し、制裁に反対する姿勢を見せた。ロシアの外務次官も、米国のイラン再制裁（イラン核協定の再交渉）は中東を不安定な状態に引き戻すので危険だと警告している。

　国連安保理での最近の米露のやり取りからは、トランプが当初述べていた対露和解が棚上げされている感じが強まっている。米国の新任のヘイリー国連大使は2月2日、ロシアが併合したクリミアをウクライナ領に戻さない限り米国はロシア制裁を解除しないと宣言し、ウクライナ東部の混乱はロシアのせいだと批判した。これは、これまでのトランプの親露姿勢から離れるものであり、ロシアのチュルキン大使は、米国はロシアに対する態度を変えたと指摘している。トランプ政権が対露姿勢を敵対方向に変えたことと、ロシアがイランの肩を持つようになったことは、連動している可能性がある。

　ロシアは、トランプのイラン制裁につき合わない態度を表明した後、イランに戦闘機を売ることを表明し、イランの空軍基地をロシア軍が使う話を蒸し返して、イランと軍事関係の強化に動いている。米国がイラン敵視

を強めてもロシアがそれに乗らなければ、シリアやイラクでのIS退治は従前どおり露イランの主導で続き、何も変わらない。

　トランプはイラン敵視を強めると同時に、サウジアラビアに対し、オバマ時代の米国が人権侵害を理由に輸出を停止していた武器を売る決定をするなど、イランを敵視するサウジへのテコ入れを強めている観がある。だがこれも、サウジの方が歓喜一辺倒かというとそうでもない。

　サウジは最近、イランを敵視するだけだったこれまでの姿勢をやや転換し、中東におけるイランの台頭を容認しているふしがある。たとえばレバノンでは、政治台頭するシーア派のヒズボラとの敵対を緩和し、サウジは、ヒズボラが提案してきた和解策を受け入れ、召喚したままにしてあった駐レバノン大使を再任して戻した。レバノンは、かつてサウジの影響下にあったが、11年のシリア内戦勃発後、ヒズボラが台頭してサウジが追い出された。最近、シリア内戦がアサド・ヒズボラ側の勝利で終わりつつあり、ヒズボラはかつてサウジの傀儡として首相をしていたサード・ハリリを首相職に戻すことでサウジに和解を提案し、サウジはヒズボラが支配するレバノンとの関係再構築に同意した。

　サウジはペルシャ湾岸のアラブ産油国（GCC）を率いる国だが、GCCに加盟するクウェートの外相は17年1月末、GCCとイランを和解させるためイランを訪問した。イラン側が和解に前向きな姿勢をみせたため、まず石油の価格政策で協調していくことから話し合いを始めることが決まった。こうした動きの最中に、トランプがイラン敵視を強めている。対米従属色が濃いサウジやGCCは今後、米国に配慮してイランとの和解を進めるのを棚上げするかもしれない。だが、いずれ中東での米国の影響力がまた低下したら、サウジやGCCは再びイランに接近することになる。

トランプがまっとうな中東戦略をやらないのは意図的？

　トランプのイラン敵視策を積極的に支持しているのは、世界中でネタニヤフのイスラエルだけだ。イスラエルでさえ、軍やモサドといった諜報界が「今あるイラン核協定を壊すのはイランを強化してしまう」と猛反対す

るのを、ネタニヤフが無視してトランプとの同盟関係に賭けている状態だ。他の国々はみな、トランプのイラン核協約破棄（再交渉）に反対するか、懸念している。

　トランプは、大統領就任来のやり方から考えて、世界中から反対されてもイラン敵視を引っ込めず貫くだろう。トランプのイラン敵視策は、世界的な策にならない。米国はいずれ国連安保理で、今のイラン核協定を破棄してイランにとってもっと厳しい別の協定の交渉を始める決議案を提案するかもしれない。だが、各国の現在の態度から考えて、中国（とロシア？）が反対して拒否権を発動し、否決される。国連で否決された後、米国だけが勝手にイラン核協定を破棄して離脱する。トランプは国連を非難し、前回の記事で紹介した、国連に運営費を出さない大統領令を発動する可能性が強まる。

脱米国・多極化の意図的推進

　トランプは、当初予定していたロシアとの和解も棚上げし、イランに寛容でイスラエルに厳しい国連など国際社会を批判し、実質的に離脱していく傾向を強める。トランプは、サウジを誘ってイラン敵視を強めようとするかもしれないが、誘われてホイホイついていくとトランプと一緒に国際的に孤立するはめになる。しだいに、トランプの米国とまっとうにつき合う国が減っていく。米国抜きの、中露イランなどが影響力を行使する多極型の世界が形成されていく。多くの人々は、これを「トランプの失策」と呼ぶだろうが、私から見ると、トランプは意図的にこれをやろうとしている。トランプは、多極化をこっそり扇動している。今後の多極化の進行速度は、中露イランなど多極化を指向する国々がどれだけ思い切りやるか、それから、日本やイスラエル、英国、サウジといった対米従属の国々（JIBS）が、どこまでトランプについていくかによる。

　最初に書いたように、米議会はトランプに扇動され、イラン革命防衛隊とムスリム同胞団という、シーアとスンニを代表する強い国際組織を、テロ支援組織に指定して制裁する新法案を検討している。これも、国際社会がつき合いきれない策だ。防衛隊は、シーア派主導の国になったイラクに

入り込み、イラクの治安面を牛耳っているし、内戦のシリアでアサドの政府軍を助けて IS アルカイダと戦い、今ではシリアをも牛耳っている。防衛隊の協力なしに、シリアやイラクで IS アルカイダを退治できない。中東の安定を考えるなら、防衛隊の制裁はあまりに愚策だ。ロシアも EU もトルコも支持できない。

　ムスリム同胞団は、アラブ諸国で圧倒的な最大野党だ。百年の歴史を持つ同胞団は、かつて暴力革命を追求していたが、1980 年代以降は選挙でアラブ諸国の政権をとることを狙っており、テロ支援はやっていないと、米欧の中東専門家の多くが認定している。同胞団の発祥地であるエジプトでは、アラブの春の後の選挙で勝った同胞団政権を軍部がクーデターで倒したが、アラブ諸国が民主化するなら、同胞団は与党になれる存在だ。米国のイスラム教徒の最大コミュニティである Cair も同胞団の系列だ。同胞団をテロ支援組織に指定するのは、まっとうな策でない。

　トランプは、まっとうな中東戦略をやろうとしていない。私の以前からの分析は、トランプが米国の覇権を崩すことを隠れた最重要の目標としている、というものだ。この分析に沿って考えるなら、トランプがまっとうな中東戦略（国際、国内政策全般）をやらないのは、意図的なものだ。米国がまっとうな国際戦略をやらないほど、国際社会は米国に見切りをつけ、覇権体制が脱米国・多極化していく。トランプは無茶苦茶をやりつつも、米政界を牛耳るイスラエルと良い関係を結び、米議会の反逆を抑えている。

　トランプは大統領就任後、ネオコンの一人であるエリオット・アブラムスを国務副長官にしようとした。好戦的な政権転覆をやりたがるネオコンを国務省に入れるなと、米国のリベラル派から草の根右派までが反対し、結局見送った。トランプは好戦派だ、と騒がれている。しかし見方を変えると、世界が米国に見切りをつける中で、ネオコンが国務省を牛耳って好戦策をやろうとするほど、世界が米国を敬遠することに拍車がかかり、多極化が進む。国務省は、ブッシュ政権時代にパウエルが国務長官を辞めたあたりからどんどん好戦的になり、ろくな政策をやれなくなっている。トランプは、それにとどめを刺そうとしている。

5章　トランプ登場で激変する中東 …… *173*

6章　多極化する世界

1　定着し始める多極化

　2016年9月4-5日に中国の杭州市で開かれたG 20サミットにおいて、ロシアのプーチン大統領は、世界の主要な諸国の指導者たちから相次いで2者会談を望まれてひっぱりだこで、非常に忙しい時間をすごした。

　最も大きな意味があったのは、プーチンと、英国のメイ首相との会談だ。戦後の西側のソ連・ロシア敵視策の元祖・黒幕だった英国は、2016年6月にEUからの離脱を決めた後、7月に就任したメイ首相が、70年間のロシア敵視をやめて親ロシア姿勢に転換し、今回、初めてプーチンと首脳会談を行った。英国の反露から親露への転換は、ベルリンの壁の崩壊に匹敵する大事件だ（壁とソ連が崩壊しても、英国のソ連・ロシア敵視は変わらなかった）。

　わが日本の安倍首相は、9月2日にウラジオストクのアジア経済フォーラムでプーチンと会い、北方領土問題をぜひ解決したいとプーチンに訴えかけた。

　いまや、米国の4大同盟国である「JIBS」のすべてが、先を争うように、プーチンと仲良くなりたがっている。JIBSは、日本、イスラエル、英国、サウジアラビアの頭文字をつなげた言葉で、米国覇権の衰退と多極化の中で、これから立場が不利になる国々として、米国の国際政治リスク調査会社のユーラシア・グループが2013-14年ごろに使っていた造語だ。イスラエルとサウジは一昨年ごろから露に接近している。英国と日本の転換で、JIBSはいまや4カ国とも親露傾向になった。4カ国のうち、イスラエル

6章　多極化する世界 …… *175*

以外の 3 カ国が G 20 のメンバーだ。プーチンは杭州で、3 か国すべての首脳から頼まれて会談している。

　安倍だけでなく、イスラエルのネタニヤフ首相も、シリアやレバノンの軍事問題や自国の安全について話すため、すべての機会をとらえてプーチンと会いたがり、昨年から何度もロシアを訪問している。ネタニヤフは、パレスチナ和平の仲裁をプーチンに頼んでやってもらうことになった。サウジアラビアとロシアは、国際石油相場を操作できる体制を作るため談合を重ねている。サウジが主導する OPEC は、かつて米欧のために動いていたが、最近は米欧よりロシアや中国との関係強化を重視している。

　JIBS の 4 カ国のうち、日本以外の 3 カ国は近年、ロシアだけでなく中国とも親密な関係を構築している。米国がいくら中国を敵視しても、JIBS の中でそれに追従しているのは、JIBS の中で一カ国だけ中国の近傍にある日本だけだ。英国は昨春、中国が AIIB（アジアインフラ投資銀行）の創設を決めた時、他の西欧諸国を出しぬいて真っ先に参加を表明した。米国に反対されても、英国は無視した（先日、中国での G 20 サミットの開催直前に、G 20 のメンバーであるカナダが AIIB への加盟を表明した。米同盟諸国の中で AIIB 未加盟は、米国と日本だけとなった）。

　米国主導の中国敵視策といえば、2016 年 7 月に中国に不利な国際裁定が出た「南シナ海問題」だが、サウジアラビアを代表して G 20 に参加するサルマン副皇太子（事実上の最高権力者、瀕死の国王の息子、摂政）が、出国前にサウジの有力紙アルワタンに対し、南シナ海問題で中国の立場を支持し、米国のやり方を批判したと報じられている。

　サウジは、7 月に国際裁定が出た後、中国の主張を支持し、裁定の内容を批判した 31 カ国の中に入っている。南シナ海はサウジから遠い。南シナ海の問題で、最大級の石油輸入国である中国を支持しても、サウジに不都合なことは少ない。南シナ海は、中国だけでなく、中国敵視の日本がサウジから石油を輸入する際のタンカーの通り道でもあるが、それはサウジにとって大したことでないのだろう。

　JIBS の 4 カ国は、米国との同盟関係を気にして、米国が敵視する国々と関係改善しにくい。米国が敵視する国々としてロシア、中国、イランが

ある。ロシアに対しては従来、英国と日本が敵視をやめられなかったが、英国が覆ったので、日本も和解を加速している。中国に関しては、在日米軍を引き止めておく策として、日本だけが敵視を続けている。イランに関しては、近傍のサウジとイスラエルが敵視したままだが、日英は関係を改善している。

JIBS以外の親米諸国では、シリア内戦で負け組に入りたくないトルコが、最近急速にロシアに擦り寄っている（7月のクーデターの発生を最初にエルドアンに伝えたのはプーチンだったという話が出ている）。トルコがロシアとの関係を劇的に改善した後、中国政府の代表がトルコを訪問し、戦略関係を強化した。中東において、中露は連動して動いている感じだ。EU（独仏）はまだロシア敵視をやめず、対露制裁を半年延長した。独仏の対露敵視は、EUの軍事統合を進める口実となる「仮想敵」であり、EUは、軍事統合が一段落するまでロシア敵視の演技を続けそうだ。だが、その先はEUも露敵視が必要なくなる。

現実主義のプーチンは中東支配に手こずるなら放棄するかも

米国の同盟諸国の間で、米国の中露敵視策に追従せず、中露と和解する傾向が広がっているのは、これまで一極的に世界の問題を解決してきた米国の国際解決能力が低下し、代わりに中露の解決能力が上がりつつあるからだ。米同盟諸国が中露を敵視してきた最大の理由は、諸国にとって中露が脅威だからでなく、米国が中露を敵視している以上、同盟国もそれにつき合う必要があったからだ。米国が圧倒的な強さを持つ覇権国として、世界の諸問題を全て解決できていた間は、それでよかった。しかし9.11後、米国は多くの国際問題において、問題を解決するどころか逆にひどくしてしまっている。イラクやリビア、シリア、パレスチナといった中東問題、アフガニスタンや北朝鮮の問題は、いずれも米国が介入しない方がましだった。

経済面でも、FRB（連銀）などの米当局は、リーマン危機で壊れた債券金融システムを、蘇生させるのでなく、QEやマイナス金利によってバ

ブルを再膨張させて不健全に延命させており、今や延命策も行き詰まりが顕在化し、いつバブル大崩壊が起きても不思議でなくなっている。TPPやTTIPといった貿易の新体制づくりも、日本などの同盟国が米国に譲歩を重ねて実現に協力したのに、米議会など米国自身が消極的で、TPPもTTIPも廃案に追い込まれそうだ。

このように米国の覇権運営が、ひどく稚拙なやり方の末に行き詰まっているのと同時並行的に、中露が国際問題の解決を手がけるようになっている。軍事面の先駆的な試みはシリアだ。シリア内戦は、米オバマ政権が途中で関与を減退させてロシアに丸投げしたもので、ロシアはイランの協力を得つつアサド政権をテコ入れし、昨秋から本腰を入れてテロ退治の空爆を進めて成功した。今後は、北部の大都市アレッポをISISやヌスラ戦線から奪還することと、内戦後のクルド人の独立機運をどうするかという問題が残っている。

米国はシリアにおいて、表向きロシアと別の道を行くように見せつつ、実質的にロシアに協力している。ロシアは、シリア内戦を終わらせつつあることで、中東全域における影響力が格段に増大した。イラン、イラク、トルコ、サウジ、イスラエル、エジプト、ヨルダン、あらゆる勢力がプーチンと良好な関係を持とうとしている。国際マスコミはロシアのシリア介入を悪しざまに歪曲して書く傾向が強いが、ロシアはシリア内戦を少ない犠牲でうまく解決しつつある。

ロシアは、シリア内戦の解決にメドをつけつつ、次はイラクのISを潰すテロ退治に移行しようとしている。このほか、シリアで成功した外交の枠を拡大するかたちで、ロシア、イラン、トルコの協調によるナゴルノカラバフ紛争の解決や、イスラエルから頼まれているパレスチナ和平の仲介なども始まりそうな感じだ。その先には、米国（クリントン元国務長官ら）がカダフィを殺し、国家の枠組みを破壊したまま放置してあるリビアの国家再建を、伊仏主導のEUとロシアが主導し、米国やエジプトも協力する形で進めることなども、いずれ俎上に登るかもしれない。

米国が無茶苦茶にした中東を、ロシアが主導し、イランやアラブ諸国も協力して再建することが期待されているが、うまくいくかどうかわからな

い。たとえばイスラエルは、西岸における入植地拡大をやめていないし、いずれロシアの仲裁でアサドのシリアと敵対を解消する前にシリア側のゴラン高原に軍事占領を拡大してしまおうとしている。イスラエルが占領拡大の態度を変えないと、誰が仲裁しても和平は実現しない。うまくいかないとわかったら、現実主義のプーチンは、米国に代わって中東の覇権をとることに対し、消極的な態度に戻るかもしれない。彼は、もともと米国に頼まれてシリアに進出しただけだ。

強欲すぎる中国、好戦的すぎる米国

　中国とロシアの結束は、目立たないが、かなり強い。ロシアが良い関係を構築したイランやトルコ、シリアは、中国の国際インフラ投資の「シルクロード計画（一帯一路）」の範囲に組み込まれ、中国から経済援助や投資が入るようになっている。中央アジアから西アジア、東欧の広い範囲にわたって、ロシアは戦闘機と油井（軍事とエネルギー開発）、中国は資金や新幹線、高速道路（経済開発）を担当している。これら地域は、米国勢がしだいに入りにくくなっており、多極化の「解放区」になりつつある。

　中東ではロシアが軍事、中国が経済の担当だが、中国が軍事も経済も担当しているのが、核兵器開発を中心とする「北朝鮮問題」だ。北朝鮮が何回核実験をしようが、米国は、もう北核問題の解決を主導する気がない。米国は03年以来、北の問題を中国に任せきりで、北朝鮮が核を手放さないのは中国のやり方が悪いからだと批判するだけだ。日本も、米国の態度を真似るばかりだ。

　北朝鮮は、核実験を繰り返すことで核保有国としての実体を作り、国家的な安全（米中韓が攻撃できない状態）を確保しようとしている。隠し持った核兵器を提出させ破壊することは非常に困難（不可能）だ。中国や米国が構想している解決策は、北が核兵器を隠し持つことを黙認し、これ以上の核実験や核技術輸出をしないと約束させることだ。北が約束したら、米朝和解、南北和解、朝鮮戦争終結、在韓米軍撤退に道が開ける。この構想は昨年から出ているが、中国は最近まで、何の動きも見せていない。

6章　多極化する世界 …… *179*

北朝鮮核問題が解決に向けた動きを再開するなら、それは中国主導の6
カ国協議になり、米韓は中国に協力するだろう。米国が協力姿勢を見せれ
ば、日本も追従する。こうしたシナリオは見えているが、北がそれに乗
る決断をするのか（敵対が低下すると政権崩壊の危険あり）、協力すると
言った米韓が途中で態度を硬化して対北和解や在韓米軍撤収を渋った場合、
中国はどうするかといった懸念が山積している。もし、北朝鮮核問題と、
米朝・南北の和解、在韓米軍撤収がうまく進めば、朝鮮半島は米国の影響
圏から、中国の影響圏に移行する。世界の多極化が進展する。北が、金正
恩政権の延命を優先し、このシナリオに乗ることを拒否し続けるかもしれ
ないし、米国がこの進展を遅延させるかもしれない。だが、朝鮮半島問題
が解決するとしたら、このシナリオしかない。トランプ政権は、17年2
月末に北朝鮮との非公式交渉をドタキャンしてしまったが、いずれ北との
交渉を進める可能性が強い。

　中国は、ミャンマーの内戦の解決も仲介している。北朝鮮やミャンマー、
ラオスといった、中国と国境を接する比較的貧しい国々は、以前から中国
の経済覇権下に完全に組み込まれている。中国の商人は、これらの国々で
かなりあこぎに利権収奪をやっており、その点で、これらの国々の人々や
政府は、中国に良い感情を持っていない。ミャンマーや北の軍事政権より
も、さらに中国は「ワル」だ。

　中国人（漢民族）は、民族的に、強欲すぎる。強欲すぎて、自国の民主
主義化すらできない。中国で自由選挙をやると、選挙の買収から始まり、
できた政権が利権をカネに替えようとする腐敗が横行し、内紛や分裂、国
力の低下を引き起こして終わりかねない。中国は、アジアの覇権国になる
ことが確定しており、習近平はそれを意識した政治をやっているが、地域
覇権国としてうまくやっていくには、強欲さを自律的に抑制し続けること
が必要だ。

　いろいろ書いてきたが、中露による国際運営、つまり多極化は、まだ始
まったばかりだ。これからこんなシナリオがありうるということを書いた
が、これらがどのような速さで具現化するかわからない。何十年も停滞し、
多極化が進まない事態（マスコミが喧伝する無極化）もありうる。

180

米国の単独覇権が再強化される可能性は非常に低い。金融面で、米連銀（日銀、欧州中銀）が膨らませたバブルが大きくなりすぎており、これを軟着陸させてドルや米国債の金融覇権体制を長期延命させることが不可能に見えるからだ。軍事外交面でも、米国は、自国の覇権を粗末に扱い続けている。

　たとえば、オーストラリアは、経済面の中国との関係強化と、軍事安保面の米国との関係維持（中国包囲網への参加）との間で揺れているが、そんな迷える豪州に対し、米軍の幹部（US Army Assistant Chief of Staff Col. Tom Hanson）が「豪州は、米国か中国か、どちらかを選べ。両方と親しくするのは許さない」と、豪州のラジオに出演して発言した。全く「いじめ」としか言いようがない。米国は、そのうち豪州を失うだろう。米国は、この手の「いじめ」「ジャイアン」的な態度を、ドイツなど欧州、日韓などに対して発し続けている。

　中国もロシアも、自分から米国の覇権を倒して奪取しようと動いているわけでない。米国が中露を敵視し続けつつ、好戦的に世界秩序を壊し続けるので、仕方なく「もうひとつの国際秩序」を構築しているだけだ。米国が中露敵視をやめて、中露の協力も得つつ、米国覇権体制を維持する動きをもっと早くやっていたら、多極化など必要なかった。しかし、もう遅すぎる。すでに米国の巨大バブル崩壊は不可避だし、中露は、米国が変わるのを待つより、多極型の世界体制を維持拡大した方が早道だと考えている。

　停滞や遅延があるにせよ、長期的には、米国の覇権が崩れて世界が多極型に転換していくだろう。米覇権中枢にいる人々の何人もが、折に触れてそのようにうそぶいている。かつてソ連を強烈に敵視していた米民主党の戦略家ブレジンスキーも最近、米国覇権の衰退を指摘し、ロシアや中国と和解すべきだと言い出している。

　そのような中、対米従属にのみ固執し、対米従属策の一環として中国を敵視し続ける外務省主導の日本の戦略は、転換すべき時代遅れなものになっている。中国は、日本にとって脅威でない。尖閣紛争を激化したのは日本の側だ。中国が独裁体制であることが日本にとって脅威だという人がいるが、大間違いだ。独裁体制は、中国の「脆弱さ」を示すものだ。すで

に書いたように、漢民族が強欲すぎて安定的な民主主義体制を築けないので、中国は民主体制よりも不安定な、時代遅れの社会主義を掲げた一党独裁に固執せざるを得ない。実は官僚の隠然独裁制なのに、国民にそれを気づかれず、形だけ民主主義体制を敷けている日本の方が、政治的にはるかに安定している。

　弱点や国民性をよく理解してつきあえば、中国はまったく脅威でない。脅威だという人は、マスコミの歪曲報道を軽信している。中国が脅威でないなら、日本は対米従属に固執する必要もない。親米は良いが対米従属は下劣で間抜けだ。日本では最近、愛国心が喧伝されているが、多くの場合「愛国心＝対米従属・中国敵視」の構図で、実のところ愛国心でなく「売国心」の涵養になっている。世界が多極化していく以上、対米従属を軽減し、近隣の中国や韓国、ロシアなどと協調を深めていくことが、長期的に日本を発展させる戦略になる。詐欺的な愛国心喧伝を疑った方が良い。

2　ロシアと和解する英国

　英国の戦略は第二次大戦後、ずっと「ロシア（ソ連）敵視」だった。2度の大戦で英国と「特別な同盟関係」になった米国は第二次大戦中、ソ連と「連合国」を組んで日独を倒す戦略を選び、軍事的に米国に依存していた英国もそれに協力した。米国は、戦時中の対ソ協調の上に、ソ連（ソ中）と米欧（米英仏）が国連安保理で並び立つ多極型の戦後世界体制（ヤルタ体制）を作った。だが英国は戦後、ソ連の脅威を喧伝して米国を巻き込み、米ソ協調を破壊し、米英とソ連が対立し、ソ連との対立を通じて米英の「特別な同盟関係」が維持強化される冷戦構造を作り、40年間維持した。「冷戦」は、英国のソ連（ロシア）敵視策を米欧全体に拡大したものだった。

　英米（欧米）がロシアを敵視する構図は冷戦後も変わらず、レーガンはゴルバチョフに「ソ連が東欧支配をやめてもNATOを東方拡大しない」

182

と約束したのに、その後の米国（英米、軍産）はそれを見事に破り、東欧から旧ソ連のバルト３国までNATOに入れ、グルジアやウクライナまでNATOに入れようとした。英国は、米国の軍産複合体と組んで、ロシア敵視のNATO拡大策を続け、ロシア敵視によって米英の特別な同盟関係が維持されるよう謀りつつ、対露協調や安保的自立（EU軍事統合）を進めたいEU（独仏）を、ロシア敵視と対米従属のNATOに幽閉し続けた。冷戦後のロシア経済を私物化して無茶苦茶にした新興財閥（オリガルヒ）の多くは、英国との関係が深かった。2000年にプーチンが大統領になって退治されたオリガルヒたちはロンドンに亡命した。歴代英政府とプーチンは仇敵どうしだった。

　2014年に米軍産がウクライナの親露政権を倒して反露政権を樹立する反乱に加担してウクライナ危機が起こり、ロシアが伝統的にロシア領だったクリミアをウクライナから独立させて併合した後、英露関係が特に悪化した。2016年、英国が６月23日の国民投票でEUからの離脱を決めた後、７月13日に英首相に就任した保守党のテリーザ・メイも、ロシア敵視が強い政治家と考えられていた。だが、８月９日にメイが初めてロシアのプーチン大統領と電話で会談したとき、メイとプーチンは、従来の対立的な英露関係を改善する必要があることで一致した。両者は今後、安全保障、テロ対策、シリア内戦、空路安全問題などについて話し合っていくことで合意した。

　メイとプーチンの初の電話首脳会談の２日後には、英国のジョンソン外相とロシアのラブロフ外相が電話会談し、建設的な対話を進めていくことで合意した。ジョンソンは、ロシアとの関係正常化が必要だと露側に語った。前任のハモンド英外相はロシア敵視が強かったが、新任のジョンソンは親露的なので、露側が英外相の交代を喜んだ。

英露が和解するとNATOは瓦解

　英国のメイ政権とロシア側との和解に関する話でわかっていることは、この程度だ。英国の首相と外相がロシアに対し、関係改善したいと提案し、

6章　多極化する世界 …… *183*

ロシアもそれに賛成した、ということしかわかっていない。だが、これだけの話で、十分に巨大な衝撃だ。英国はこれまで、ロシア敵視策によって、英米同盟の結束を維持してきた。軍産複合体やNATOは、ロシアとの敵対構造を作ることで勢力を維持拡大してきたが、その構造の黒幕的なおおもとは、英国のロシア敵視策だった。英国のロシア敵視策は、軍産やNATO、欧米間の同盟関係全体の「扇子の要」だった。

　英国がロシア敵視をやめたら、NATOは存在基盤を失っていく。米国はもともと「西半球の国」だ。英国からロシア敵視を煽られ続けたため、米国は、ユーラシアを支配する戦略に拘泥してきたのであり、英国がロシア敵視をやめたら、米国も煽られなくなって西半球の国であることをいまさらながらに気づき、欧州ユーラシアから手を引く（いわゆる孤立主義の）傾向が強くなる。ドイツやフランスは、英国よりロシア敵視がはるかに弱い。英国が露敵視をやめて、米国も目が覚めて欧亜から出て行ったら、独仏も喜んで露敵視をやめて対露協調に転じる。

　つまり、英国が敵視をやめると、世界中のロシア敵視が雲散霧消し、露敵視に立脚していたNATOや欧米、英米の同盟関係、米国の欧州ユーラシア支配も、脆弱化・有名無実化してしまう。メイ政権の英政府は、そのあたりの意味を十分に知っている。だからこそ、できるだけ目立たないように対露和解を進めようとしている。英露が和解しつつあることは、英マスコミで報じられているが、メイがプーチンと電話したとか会ったとかいう事実が報じられているだけだ。突っ込んだ解説記事は出ていない。米国でも、何も語られていない。メイ政権についてのウィキペディアの解説も「ロシア」が一度も出てこないままの状態だ。こんなだいそれた話なのに、人知れず、静かに展開している。

　メイ政権の着実だが目立ちたがらない対露和解の姿勢から考えて、これは、英国の新たな世界戦略であると感じられる。英国が対露和解していくと、NATOも、英米同盟もすたれていく。米国覇権の解体傾向に拍車がかかる。欧州は対米従属から解放されて自立（EUの政治軍事統合）する。ロシアは今より台頭する。世界は多極化する。英国の上層部は、それらの新事態がおきても構わないと考えていることになる。それらの新事態の中

に、英国のこれからの国家戦略がある、と考えられる。

　推測するに、これまで米国覇権を裏で操作する黒幕だった英国は、経済軍事外交の全面で崩壊しつつある米覇権を見捨て、世界の多極化を加速させつつ、多極型世界（BRICS）の黒幕になろうとしているのでないか。今のところ、きたるべき多極型世界の新たな中心はロシアと中国だ（いずれ米国や欧州がそこに加わり、先進国と新興国が融合する）。英国の上層部は、まず国民投票で英国自身をEUから引き抜き、対米従属型のEUを解体再編に持ち込み（いずれEUは縮小再編して自らを強化して再登場する）、ロシアと和解してNATOや英米同盟を壊して多極化を後押ししつつ、かつて（70年前）米国に覇権運営のイロハを教えたように、中国やロシアに覇権運営のアドバイスを行い、その見返りを受けて多極型世界の金融センターとしてロンドンを再生することなどで英経済を維持するつもりでないか。

　16年6月23日の国民投票で予期せぬ結果が出てしまったので、それ以来、英国の上層部は失策に失策を重ね、対露和解などという馬鹿なことをやっている、という「解説」も成り立ちうる。だが、私が信頼する欧州のシンクタンクLEAPは、英上層部がEU離脱の方が良いと考えたからこそ、国民投票の結果が離脱になったと分析している。

　しかも、思い返すと、英投票でEU離脱が決まったとたん、トルコのエルドアンがロシアとの和解に急いで動き出している。エルドアンは英離脱決定を見て、米覇権体制やNATOの終わり、世界の多極化の加速を予測し、多極型世界の中でトルコ自身が「極」の一つになることを目ざす戦略に急転換し、急いでプーチンに擦り寄った。これらの全体を見ると、やはり英上層部は意図的に自国をEU離脱に突き落とし、それを起爆剤として、世界の多極化と自国の戦略の転換を可能にしたろう。

英国に学んだ安倍晋三

　英国の劇的な転換を見て新たな事態を悟り、急いでプーチンに擦り寄ったのはトルコのエルドアンやイスラエルのネタニヤフだけでない。わが

日本の安倍首相も、英国に学んでプーチンに擦り寄った。16年8月9日にメイがプーチンと電話会談して英露和解の方向性が突然に見えてきた後、2週間近くたった8月22日、日本政府の代表が急遽モスクワを訪問し、日露和解や和平条約の締結、安倍プーチン会談についてロシア側と8月26日に話し合うと報じられた。安倍とプーチンは9月2日にウラジオストクの経済フォーラムのかたわらで会談し、安倍はプーチンに、できるだけ早く北方領土問題を解決したいと力説した。安倍は13年ごろから日露関係改善を目標にしているが、ここにきて安倍が急いで動き出したのは、英国がロシアに急接近し始めたのを見て、エルドアンより2ヶ月遅れで世界の大転換に気づいたからでないかと考えられる（政治主導の独自外交を嫌う対米従属一本やりの外務省が対露和解の邪魔をするので官邸が世界の動きを知るのが遅れる。日本外務省は早く解体されるべきだ）。

　英国が対露和解を望んでいることについて、プーチンは「英国が米国との特別な同盟関係をやめるなら、英国との関係を強化したい」と述べている。すでに書いたように、英米同盟はロシア敵視をテコとして強化されてきた。英米同盟イコールロシア敵視であるのだから、それをやめないと和解できないとプーチンが言うのは当然だ。

　プーチンに言われるまでもなく、すでに英米同盟はほとんど有名無実化している。米国は9.11以来の16年間、ブッシュもオバマも英国を邪険に扱ってきた。まるで、英国を米覇権の側から追い出して中露の側に付かせたいかのようだ。事実、英国は、中国が米日のADB（アジア開発銀行）に対抗してAIIB（アジアインフラ投資銀行）を作ると真っ先に加盟申請して中国に擦り寄り、今回はロシアに擦り寄りつつ、英米同盟から離れている。英国は、対米同盟の終わりを宣言しないだろうが、今後さらに「終わり」に向かうことがほぼ確実だ。

　絶妙なタイミングと言えば、英国で2016年7月に、イラク侵攻に関する「チルコット報告書」が発表されたこともそうだ。ブレア政権の英国が、03年に、大量破壊兵器がイラクに存在しないことを知りながら、大量破壊兵器を理由にした米国のイラク侵攻に付き従ったことの違法性について断罪したのがチルコット報告書だ。英国が、米国と特別な同盟関係を無理

して維持することが、いかに英国の国益にマイナスであるかを、この報告
書が語っている。

　何年も発表を延期されてきたこの報告書は7月初旬、英国がEU離脱を
決め、メイが首相に就任して対露和解を始めていく直前のタイミングで発
表されている。これまで、なぜこのタイミングで、と思っていたが、ここ
にきて対露和解、対米同盟離脱の方向性が見えてくると、ははあ、対米同
盟がいかに害悪かを英国全体に知らしめ、スムーズな対露和解への転換を
促進するために、7月にチルコットが出てきたのか、と事後的に感じられ
るようになった。やはり、英上層部は意図的に動いている。馬鹿ではない。

3　欧州の難民危機を煽るNGO

　リビア（北アフリカ）からイタリアへの地中海をわたる経済難民（不法
移民）の流入を、欧州のNGO群が支援している。リビアのマフィアがア
フリカ全土から勧誘して有料で連れてきた不法移民をリビア沖の領海の
外れまでゴムボートで運び、それをNGOの船が引き取ってイタリアの港
まで運んで難民申請させ、NGOが欧州の難民危機を扇動している。この
ルートの難民流入は、トランプが当選した米大統領選の少し前から急増
し、今年の流入は前年比2割増の17万人。最近は、その4割を26の欧州
NGO群が運んでいる。

　NGOのこの行為の真意は不明だ。NGOは「溺死防止という人道支援」
だと言っているが、政治的な効果を考えると、別な意図が感じられる。難
民流入が増えるほど「欧州リベラルエリート層の最後の希望」である独メ
ルケル首相の人気が下がり、EU各国の反エリートな極右極左勢力が政治
台頭する。2016年12月19日のベルリンのトラック突っ込みテロだけで、
メルケルの人気がガタ落ちで、来年夏の選挙でのメルケルCDUの勝算が
下がった。難民をリビアから送り出すマフィアにはアルカイダやISも絡
んでいる。NGOは、欧州のテロ頻発を煽っている。

6章　多極化する世界 …… *187*

リビアの密航業者を儲けさせている欧州の難民支援NGO

　内戦で国家崩壊している北アフリカのリビアから、地中海対岸のイタリアにわたる海路は、トルコからギリシャの島へのルートと並び、欧州への難民流入の2大経路だ。リビアのマフィアが、リビア人だけでなく、隣接国のニジェールやアルジェリア、もっと遠くからの越境組も含め、経済難民（違法移民）として欧州にわたって金を稼ぎたい人々からカネをとり、リビアの海岸から漁船などに乗せて地中海に送り出す。以前は、リビアを出港した難民輸送船がそのままイタリアの港まで来たが、最近は、リビア沖の領海を外れたところでNGOの船が待っていて、難民たちは海上で船を乗り換え、NGOの船でイタリアに向かうことが多い。

　2017年の初めまで、リビアからイタリアに渡航してくる難民（違法移民）のうち、NGOの船に乗ってイタリアに入港する者は23％にすぎなかったが、今秋に急増して約40％にもなっている。NGOと密航業者の連携が強化された感じだ。リビア・イタリアルートの流入難民の総数も、秋から増加し、今年の総流入数は昨年比2割増になっている。地中海の海水温が低い秋冬は通常、難民の密航が減る時期であり、今秋からの増加は異様だと、欧州の外交官が言っている。リビアなどアフリカ側の難民送り出し業者が「間もなくリビア経由でイタリアに行く難民ルートが通れなくなるので、行きたい人は急いだ方がいい」と煽っているという。

　EUの外交部門（EEAS）が作った報告書によると、リビア・イタリア海路に船を出して難民（違法移民）の渡航を助けているNGOは26組織ある。「国境なき医師団」や「セーブザチルドレン」も地中海を渡航する難民を助けている。いずれの団体も、欧州の「善意ある人々」からの寄付を募っている。

　彼らは、国際海洋法が、航行中の船舶に対し、海上で困っている人がいたら助ける義務を課していることに依拠し、地中海に船を出し「偶然に遭遇」した難民船に乗っている困っている人々を自分たちの船に乗せてイタリアまで送り届けていると言っている。NGOの船が難民船に出会うリビ

ア沖からは、イタリアよりチュニジアの方が近いが、難民をチュニジアの港に送り届けるとリビアに送還されて当局から人権侵害を受けかねないという理由で、遠くのイタリアまで運んでいる。いったんイタリアに上陸した違法移民たちは難民申請し、EUの国境検問廃止のシェンゲン体制を利用し、独仏など他のEU諸国に自由に行けるようになる。

NGOの難民救援は「人道支援」の体裁で貫かれているが、視野を広げると、そんなきれいごとでないとわかる。NGOの行動は、アフリカからEUへの違法移民の流入を扇動している。アフリカ側では、マフィア的な密航支援業者が、今ならカネさえ出せば簡単に欧州に出稼ぎに行けるぞと人々に宣伝し、各地からリビア沖にどんどん密航者を連れてくる。以前は、リビアを発った船でそのまま400キロもわたってイタリアまで行かねばならず、比較的大きな漁船などが必要だった。いったんイタリアに入港した船は伊当局に没収され、密航業者のところに戻ってこないので、業者が密航者から徴収する渡航費用も高かった。

だが16年に入り、上記のNGOの船がリビアの海岸から12海里（22キロ）の領海内の、すぐ外までやってきて、密航業者の船から密航者（難民）たちを引き取ってNGOの船に乗せてイタリアまで送り届けるようになった。NGOは合法な「人道支援」をしているので、船を没収されず、イタリアとリビア沖を往復し続けている。密航業者は、以前のようにイタリアまで行ける船を用意する必要がなくなり、12海里を航行できる安いゴムボートで密航者をNGOの船まで送り届け、そのままボートは海岸に戻り、次の密航者群を乗せてまた出発することを繰り返せるようになった。渡航費用が大幅に下がり、密航者（難民）の急増と、密航業者の利益急拡大が起きている。

リビアは内戦で無政府状態なので、領海の警備ができていない。NGOの船のいくつかはリビアの領海内に入り、密航業者のゴムボートの航行距離をさらに縮めることもやっている。密航業者はますます助かっている。EUは、NGOと密航業者が共謀していると見る傾向を強めている。

密航業者や密航者の中には、アルカイダやISもたくさん入り込んでいる。彼らは密航者を運ぶだけでなく、麻薬も難民船に乗せてイタリアに運

6章　多極化する世界 …… *189*

んで儲けている。NGO は、密航者がテロリストでなく、麻薬も持っていないことを確認していないだろう。密航業者がイタリアの沿岸警備隊や入国審査官に贈賄しているという指摘もある。

難民流入扇動は、メルケルら欧州のリベラルエリート支配を破壊する策

これらの NGO は、アルカイダや IS が欧州でテロを頻発させるのを助けている。「テロ支援組織」である。だが、テロリストの支持者がこれらの NGO を運営しているのではないだろう。NGO 群が、隠された政治意図を持つとしたら、おそらくそれは欧州を「イスラム国」に変質させることでなく、難民危機を扇動することによって、欧州の既存のエリート支配の政治体制を破壊して、極左極右などポピュリスト勢力の権力を拡大することだろう。

2016 年 12 月 19 日にベルリンで起きた大型トラック市場突っ込みのテロ事件は、容疑者のアニス・アムリが、チュニジアからイタリア経由でドイツに来た難民だった（アニスは真犯人でなく「おとり」の可能性もあるが、事件後にイタリアで警官に職質され拳銃で撃ってきたので射殺された）。あのテロ事件で、EU 最強の権力を持っていたドイツのメルケル首相の人気低下に拍車がかかり、来夏の選挙でメルケルの与党（中道右派の CDU）が勝って政権を維持できる可能性がぐんと下がった。

2015 年からの EU 難民危機の中で、メルケルは難民を積極的に受け入れる政策をとった。その政策は当初「人道重視」と喧伝され、リベラルな人々に好評だったが、やがて EU の多く国々で、大きな問題を引き起こした。低所得層向けの住宅の家賃が上昇し、雇用の面でも地元の低所得層と難民が仕事を奪いあっている。フランスでは今年 10 月、英国に渡りたい難民が作った英仏海峡に面したカレーの難民キャンプ「ジャングル」を当局が強制撤去したところ、難民がパリ市内に流入し、観光地となっている市街の路上を占拠することになった。

ドイツなどでは、難民の若い男たちが、地元民のホームレスを襲撃したり、女性に襲いかかるなどの犯罪をやっている。ローマは、市民の貧困層

と難民との戦いが激化して内戦状態で、ゲルマン民族の流入で混乱した
ローマ帝国末期のようになっている。欧州の人々は、リベラル主導のエ
リート層が進めた難民受け入れ政策への不満を強めている。

　メルケルは人気が低下傾向だが、彼女が権力を手放すと、欧州の政治全
体がリベラル性を失い、反リベラル・ナショナリズム的なポピュリズムが
勃興する。リベラル主義は、欧米同盟（欧州の対米従属）を維持する思
想信条でもあった。欧州がリベラルでなくなると、欧米同盟・米国覇権・
NATO が崩壊に近づく。欧州リベラルエリート層の「最後の希望」であ
るメルケルは、人気低下をかえりみず、与党 CDU の党首をやめず、続投
して来夏の総選挙を戦うことを決めた。

　メルケルが続投する限り、難民に寛容な欧州の政策が根本から変わる
ことはない。メルケルは、難民危機を小康状態にして、2017 年夏の選挙
で何とか勝ちたい。17 年春にはフランス大統領選もある。だが、エリー
ト層の思惑をぶち壊すかのように、NGO がリビアからイタリアにどんど
ん難民を流入させている。ローマ帝国末期的な EU の状態は悪化の傾向だ。
トルコのエルドアン大統領は、以前から何回も「EU がトルコを尊重しな
いなら、何百万人もの難民を EU に流入させてやる」と述べ、難民の欧州
流入が「自然」な動きでなく、政治意図に基づき扇動されたものであるこ
とを示唆してきた。NGO の海上での難民流入支援は、この傾向を加速し
ている。

　メルケルら EU のリベラルエリートが選挙に負け、極左や極右が欧州各
国の権力中枢に入ってくると、国家統合の EU やユーロが崩壊し、バラバ
ラな国民国家、各国通貨に逆戻りすると考える人が多い。だが私は、そう
考えていない。たとえばフランスでマリーヌ・ルペンの対抗馬として台頭
してきた共和党の統一候補フランソワ・フィヨン元首相は、フランスがド
イツとの国家統合を維持して、国際的に強い欧州を保つべきだと考えてい
る。広がりすぎた EU を縮小することで、最強化しようとしている。自分
の権力強化を望むのが政治家だ。EU を解体して昔の国民国家に戻すこと
は、独仏の政治家にとって、権力の縮小を意味する。

　米国では、トランプ陣営がリベラルエリート（クリントン陣営、軍産複

合体）を権力の座から引きずり下ろした。トランプ陣営は、欧州のリベラルエリート潰しにも協力したがっている。欧州のリベラルエリートは、対米従属なのでロシア敵視だが、欧州の極右極左のポピュリスト勢力が親ロシアで、この点でもトランプと欧州極右極左は同類だ。

　プーチンのロシアは、難民の送り出し諸国となっているシリア、リビア、アフガニスタンのいずれでも、内戦終結と国家安定化を目指す国際戦略をやっている。EU の人々が難民危機を解決し、難民が祖国に帰れるようにしたいなら、ロシアを敵視するのをやめて、プーチンの国際戦略に協力するのが良い。その点でも、メルケルは早く敗北・下野し、トランプ革命が欧州に波及した方が良い。地中海の NGO は、その動きを加速している。

4　崩壊に向かう EU

　EU とユーロの崩壊が不可避な感じになっている。最大の要因は、2017年 5 月の仏大統領選挙でルペンが勝った場合、フランスはユーロを離脱してフランに戻りそうなこと。仏国債は、ユーロからフラン建てに変わった時点でデフォルトになり、国債危機が南欧全体に波及する。フランスがユーロ離脱しなくても、EU の統合を維持する政治コストが上昇しており、ドイツはもう南欧の面倒を見ないので、ギリシャ金融危機が再燃する。EU 大統領のユンケルは、統合が崩壊すると予測して再選出馬しないことにした。

　米連銀の傀儡色が強い欧州中央銀行（ECB）は、ドル救済のための QE（増刷による債券買い支え）を続けたがっているが、米覇権体制に拘泥する利得を感じられなくなっているドイツは QE 反対を強めている。ユーロの崩壊感とともに、米国を中心とする中銀覇権体制も崩れている。ECB が QE をやめると、欧州の債券危機が米国など世界に広がる。米政府は、ユーロの為替が安すぎると批判したが、独メルケル首相は、ユーロが安すぎることを認めた上で、それはドイツの反対を無視して QE を続ける

ECB のせいであり、通貨がドイツ単独のマルクだったら為替はもっと高かったと発言。EU 統合を推進してきたメルケルがマルクに言及したことは、ユーロの終わりが近いことを感じさせる。

元米連銀議長のグリーンスパンは、ユーロの機能不全を指摘し、国際備蓄通貨としてユーロやドルの地位が下がり、金地金の地位が上がると予測。ドイツ政府は、旧敗戦国として米国などに保管してあった金地金を予定より前倒しして回収している。EU はユーロの高額紙幣の廃止など、現金廃止の動きを続けているが、これはユーロ崩壊で EU 域内の銀行が連鎖破綻し、人々が銀行預金を引き出して現金でタンス預金しようとすることを阻止する「ベイルイン（銀行破綻のツケを政府でなく預金者など債権者に負わせる）」の始まりを意味する。金地金優位のグリスパ発言は絵空事でない。

ドイツは 2017 年 9 月の総選挙に向けて、対米従属な中道右派 CDU のメルケルよりも、対米自立・親ロシアな中道左派 SPD が優勢になっている。人気挽回のため、メルケルも対米自立・対露和解の感じを強め、テロ退治でロシアと協力したいとか、独諜報機関に、ロシアは独選挙に不正介入していないと結論づけさせたりしている（メルケル政権は従来、クリントンばりに、ロシアが独選挙に不正介入しかねないと言っていた）。だが、ドイツの方向転換は遅すぎた。もっと早く対米自立し、EU 政治軍事統合の加速をしていたら、英国やトランプが発する昨年来のナショナリズムの嵐で EU が潰されることもなかった。対米従属に安住する者たちが潰れていく時代になった。

メルケルまでがユーロの崩壊傾向を認めた

ドイツのメルケル首相は 2017 年 2 月 18 日の記者会見で、ユーロを作らずドイツマルクのままの方が良かったと示唆する発言を初めて放った。米国トランプ政権が、ドイツはユーロのドル為替を安すぎる状態にしていると批判していることへのコメントを尋ねられたメルケルは「ユーロの為替政策は（ドイツなど加盟国より上位にいる EU の中央銀行）ECB が決

6 章　多極化する世界 …… *193*

めている。ECB は（経済が強い）ドイツでなく（弱い）南欧諸国のために
にユーロ安をやっている。ドイツ（の強さ）から見てユーロが安すぎる
し、それでドイツが（輸出増など）得してきたことは事実だが、決定権は
ECB にあり、独政府にはどうにもできない。ユーロを作らずマルクのま
まだったら、為替はもっと高かったはずだ」という趣旨を述べた。

　EU の指導者にとって、ユーロ以前の自国通貨の名前を口にすることは、
EU 統合の目標に水をさすのでタブーだった。メルケルがドイツマルクの
名称を出したことは、EU の事実上の最高指導者であるメルケル自身が、
ユーロが崩壊しそうだと認めたことを意味している。ドイツ連銀は、第二
次大戦の戦勝国である米英仏に保管してあった金地金の半分を、2020 年
までに本国に戻す計画だったのを、前倒しして今年中に回収することにし
た。これも、ユーロ崩壊に備えた動きに見える。

　17 年 4 − 5 月の仏大統領選に向けた世論調査で、ユーロ離脱を約束し
ているルペンが優勢になるたびに、仏国債が忌避されて金利が上がり、独
仏間の国債金利差が 12 年のユーロ危機以来の 0.8％ポイントに拡大してい
る。メルケルら独政府は、極右ルペンのライバルである中道右派のフィヨ
ン候補を応援していたが、フィヨンはタイミングよく起こされた金銭ス
キャンダルで人気が落ちている。

　ユーロ圏の災いはルペンだけでない。ギリシャの財政金融危機も再燃し
ている。従来、いやいやながらもギリシャに救援金を出していたドイツは
今回、以前より厳しい態度をとり、ギリシャがユーロから自主的に離脱し
ない限り救援金を出さないと言っている。ドイツや EU 中枢は以前、ユー
ロから離脱する国を絶対に出さない（ユーロ圏の縮小を許容しない）姿勢
をとっていた。だが 2016 年夏の英国 EU 離脱の決定以来、どんどんタガ
が外れ、最近のドイツはむしろユーロ圏の縮小（解体）再編を望んでいる
ようだ。IMF は、ドイツが出さないなら IMF もギリシャ支援に協力しな
いと言っている。

　危機が放置されてギリシャや南欧諸国、フランスなどがユーロを離脱し、
それを機にユーロ解体が進む可能性がある。トランプ政権は、ユーロの存
続を危ぶんでいる。EU はこれまで、統合の方向だけに注力し、再編や解

194

体についての考え方や手続きを議論していない。EUの憲法であるリスボン条約にも、ほとんど記述がない（だから英離脱が大騒動になった）。解体した後うまく再編できるのか、何年混乱するのか、予測不能な事態になっている。

ユーロの崩壊は、ECBがドル支援策であるQEを続けられなくなることを通じて、米国など世界金融の危機につながる。今の金融システムは、株高など安定しているように見えるが、これはECBと日銀が巨額のQEを続け、資金を注入しているからだ。QEという麻薬が切れると、金融システムは金利が上昇して危険になる。トランプのインフラ投資策など実体経済のテコ入れ策の効果はせいぜい数兆ドルで、数百兆ドルの金融システムよりずっと規模が小さく、金融危機を抑止できない。

EUのナショナリズム超越式でなく、トランプのナショナリズム扇動式で多極化が進むことになり、EUが壊れる

私はこれまで、EUやユーロを失敗しにくいものと考えてきた。きたるべき多極型の世界において、欧州が独仏伊西といったばらばらな中規模の国民国家のままであるよりも、EUという巨大な超国家的な国家組織になった方が、世界の安定に役立つからだ。EU（欧州統合）を欧州人に押しつけたのは、軍産複合体（米単独覇権主義者たち）の裏をかいて冷戦を終わらせた（隠れ）多極主義のレーガン政権だった。だが、EUの主導役となったドイツは、欧州統合を進めながらも、対米従属を続け、軍産複合体の言いなりになる状態を続けた。統合はなかなか進まなくなり、ギリシャなど南欧の金融財政危機や、難民危機に見舞われ、EUの弱体化が進んだ。

EUは、ナショナリズムを全く使わずに国家統合を進めてきた。欧州人のアイデンティティは、国家統合が進んでもフランス人やドイツ人のままで「欧州人」のナショナリズムを扇動する動きがほとんどない。これは意図的な戦略だろう。EU（欧州統合）は、人類にとって最大の紛争の元凶となってきたナショナリズムを超越・止揚する政治運動だ。だが、このEUの反ナショナリズム運動は、昨夏の英国のEU離脱、昨秋の米国のト

6章 多極化する世界 …… *195*

ランプ当選、前後して激化した難民危機による欧州人の反イスラム感情の台頭を機に、欧州各国でのナショナリズムの勃興となり、各国のナショナリズムが、EU の反ナショナリズムを凌駕し破壊する動きになっている。

　今回の欧米全体でのナショナリズムの勃興は、米国でトランプ革命を引き起こしており、トランプは米国覇権の放棄による多極化を進めている。EU のナショナリズム超越による国家統合が成功していたら、アフリカや中南米でも EU 型の国家統合が進み、それによって世界の多極化が進展する可能性があった。だが、このシナリオは、トランプが進めるナショナリズムによる、逆方向からの多極化によって打ち負かされている。EU のシナリオでなく、トランプのシナリオに沿って多極化が進もうとしている。この流れの中で「古いバージョンのシステム」になった EU が解体に向かっている。

　EU の中心は独仏の統合だ。フランスがルペン政権になり、ドイツとの国家統合を解消した場合、EU はおそらく完全に崩壊する。ルペンでなくフィヨンやマクロンといった左右どちらかの中道候補が政権をとると、独仏の統合つまり EU の根幹はたぶん維持される。だが、欧州諸国でナショナリズムが強い限り、それを乗り越えて再びナショナリズムの止揚をめざす欧州統合の政治運動が勃興するのは困難だ。南欧と東欧をいったん切り離し（それもどうやってやるのか不明だが）、独仏とベネルクス、北欧ぐらいで小さくまとまって再起するなら国民の抵抗が少ないか。そのあたりは、2017 年の春から秋にかけての選挙が終わると見えてくるかもしれない。

　ドイツでは 17 年 1 月末、中道左派政党 SPD の党首が不人気なガブリエルから、かなりましなシュミットに代わり、メルケルの右派 CDU より世論調査での人気が高くなった。現状の人気のままだと、SPD は左派政党 3 つ（SPD、左翼党、緑の党）を連立することで、17 年秋の総選挙で、右派の CDU などを入れずに政権をとれる。左派政権になると、おそらく対米自立と対露和解が進む。独左派政権は、NATO にもっとカネを出せと怒るトランプと喧嘩して、NATO や対米従属から離れていきそうだ。対米従属・反露なメルケルも、このままでは人気が落ちるので、ロシア敵視を緩和する言動をとっている。

全欧的にロシア敵視が低下し、米国もトランプと軍産の対立で対露姿勢が定まらない中で、ロシアはやりたいようにやる傾向だ。軍産の傀儡であるウクライナの極右政権はトランプ当選以来弱体化している。ロシア系の地域であるウクライナ東部は、分離独立に動いており、昨年、学校教育をウクライナ語からロシア語に切り替えた。ロシアは、ウクライナ東部の身分証明書でのロシア入国を解禁し、ウクライナ東部をクリミア同様、自国の一部として扱う傾向を強めている。ロシアの外相は先日、欧米西アジア勢が一堂に会するミュンヘン安保会議で「『欧米後』の世界秩序を作ろう」と提唱している。

5　さよなら先進国

　これまで、国際情勢の中心は「米国の覇権」だった。純粋な２国間紛争に見える各地の問題も、ほとんどが、米国か、その前の覇権国だった英国が絡んでいる。覇権とは、直接的な占領でないかたちで他国を動かす力のことだ。冷戦終結から最近まで、世界の覇権は米国が単独で持っていた。近年は、ロシアや中国、BRICSが、米国から自立した国際体制を構築し、覇権の多極化が進んでいる。英国やイスラエルは、米政界に影響力を行使し、内側から牛耳って米国の覇権戦略を自国好みのものにねじ曲げ、間接的に世界に影響力を持っていた。日本は、そのような牛耳り戦略を全く持たず、政府の官僚機構が米国の覇権の代理人として振る舞うことで、政治家（国会）より官僚が強い「官僚隠善独裁体制」を終戦以来続けてきた。
　覇権や地政学（覇権戦略を考える学問）というと、軍事や外交、石油利権争い、民族紛争など政治分野であると思われがちだが、私から見るとこれは大間違いだ。覇権に関して最も重要な部分は、基軸通貨（誰の紙切れ＝紙幣が最も価値を持つか）とか、誰が金融や貿易で大儲け（大損）するかといった、経済の分野である。最近、ロシアが中東で影響力（覇権）を拡大できているのは、中国がロシアを経済面で支えているからだ（見返り

にプーチンはロシア極東を中国人が経済占領することを容認した）。欧米がロシアを経済制裁しても、ロシアは中国に石油ガスなどを売れるので、その金で露経済を回し、シリアに軍事進出できている。米国が、中露の経済的な結びつきを事前に切断できていたら、ロシアは経済難に陥り、今ごろエリツィン時代の混乱に逆戻りしていたはずだ。なぜか米国はこの10数年、中露が経済結束を強めることをずっと看過・黙認していた。

　経済面の米覇権は、ドルが基軸通貨であり、米国債が世界的に最良の備蓄手段である体制（金融覇権体制）を大黒柱としている。ドルは戦後、金本位制（ドルの総発行量が金地金の保有量に縛られている）を前提に、世界で唯一の基軸通貨になったが、1971年の金ドル交換停止（ニクソンショック）でいったん破綻した。だが、当時の他の諸大国である英仏独日など（先進諸国）は、どこも米覇権の崩壊を望まず、ドルが唯一の基軸通貨であるブレトンウッズ体制の継続を希望した。そこで米国は、金本位制を捨て、代わりに覇権国である米国に対する信用を担保にドルを刷り、ドルと他の諸通貨との為替が乱れたら、日独英仏などの当局（Ｇ７）が協力して為替を安定させる体制を、85年のプラザ合意で正式に開始した。

　同じ年に米英が金融を自由化し、ドルが信用を担保にどんどん発行できるようになった新体制を真似て、民間の債券も、企業の信用や物件の価値を担保にどんどん発行できるようになった。企業間の貸付や住宅ローンなどの債権を債券化して売ることで、銀行からの借入しかなかった従来に比べ、資金調達が飛躍的に容易になった。この「債券金融システム」の導入によって、90年代の米国（米英）経済は金融主導の黄金期となり、米国の覇権体制は経済主導に転換した。

　企業の価値・信用や物件の価値は、相対的なものであり、価値がバブル化しやすい。これからはインターネットだと騒がれ出すと、よく見ると儲かる当てがない新興のネット関連企業の債券や株が過剰に売れてITバブルに発展し、00年に起きたようにバブル崩壊する。だが同時に、債券が破綻した場合の損失を補填する債券破綻保険（CDS）など、破綻の拡大を防げる派生商品（デリバティブ）の仕掛けも作られ、バブル拡大の長期化に貢献した。しかし、CDSの保険をかけておけば大丈夫という過信が広

がり、返済できる所得もない貧しい人に貸した住宅ローンの債権を束ねて
債券化した「サブプライムローン債券」が大量発行された。それが07年
夏からバブル崩壊し、不動産担保債券の全体に破綻が拡大すると、救済措
置のはずのCDSも保険金を払い切れない限界が露呈し、債券やCDSを
扱っていた投資銀行が次々と行き詰まり、08年のリーマン危機になった。

金融を蘇生せず延命させるだけのQE

　リーマン危機後、米国中心の世界の債券金融システム（社債と派生商品
の仕掛け全体）は、信用が失墜したままで、蘇生が部分的でしかなく、全
体的にはまだ死んでいる。しかし、マスコミなど世の中の常識では、リー
マン危機を乗り越えたことになっている。実態は、リーマン後、米当局
（連銀、FRB）が、ドルを増刷して債券金融システムに資金を注入する
QE（量的緩和策）によって相場を底上げすることで、あたかもシステム
が蘇生したかのように見せる策が続けられている。米連銀がQEをこれ以
上続けると資産状態（会計勘定）が不健全化するところまできた14 – 15
年からは、日本と欧州の中央銀行がQEを肩代わりしている。

　もともと、あらゆる債権を担保に債券化して儲けられる米国中心の民間
の債券金融システムは、米国の覇権を担保にドルをどんどん発行し、米国
債が資産の備蓄手段として世界的に尊重されることで米国が儲け、覇権を
維持できるという、プラザ合意で形成された金融覇権システムを真似て、
民間に適用したものだ。リーマン危機で民間の債券金融システムが崩壊す
ると、米当局（連銀）は、米国の覇権を維持するためのドルを大量発行す
るシステムを、民間金融を延命させるために発動した。これがQEの実態
だ。

　ここで重要なのは、QEによって民間の債券金融システムが「蘇生」す
るのでなく「延命」しているだけということだ。QEをやめたら、債券相
場は再び下落（金利上昇）し、債券破綻が広がって金融危機が再発し、債
券金融システムが再び崩壊する。米連銀は、バブル状態の民間の金融シス
テムを「延命」させるために、米覇権維持のための大切な余力を使いきり、

自分がもうやれないので日欧に QE を肩代わりさせるところまでやっている。

　金融は、90 年代以降の米経済の最大の柱だ。米経済の大黒柱を潰すわけにいかないので、米連銀が民間金融の維持に全力を尽くしたのだと考えることも、できなくはない。しかし、民間金融を長期的に助けるなら、延命でなく、縮小均衡的な軟着陸を誘導すべきだった。実際に米連銀や日欧の中央銀行群がやってきたことは、債券市場を縮小させるどころかバブルを膨張させ、国債からジャンク債までの相場を、明らかに高すぎる状態にしている。

　社債の相場が高すぎることは、社債発行元の企業が行き詰まって債券が破綻し、企業の資産を売却して債券の価値の一部だけが投資家に返済される「リカバリー」の比率を見るとわかる。米国のジャンク債（高リスク債）のリカバリー率は、14 年まで 40 − 50％台だったが、15 年は 25％に下がり、今年は 10％に下がっている。14 年までは、ジャンク債の相場が、企業の実際の資産価値の 2 倍強だったものが、15 年は 4 倍に、今年は 10 倍になっている。中銀群が全体としての QE の総額を増やすほど、その資金でジャンク債が買われ、債券バブルを膨張させている。

　おまけに日銀は、円を増刷した資金で株式（ETF）を大量に買い支え、株価をつり上げている。欧州中銀も同様の株式の買い支えを検討していると報じられている。米連銀は法律の定めに従い株式を買っていないが、企業の自社株買いが奨励されており、米日欧の中銀が QE で社債相場をつり上げ、企業は低利で起債して簡単に巨額資金を作り、自社株を買って株価をつり上げている。株式は、債券に比べ、当局が面倒を見る必要がない分野だ。債券は、ジャンク債の崩壊を看過すると国債の信用失墜につながりかねないが、株式は民間のバクチであり、いざとなったら株価の暴落を放置して資金を国債に流入させ、国債を守ってもかまわない。それなのに中銀群は日銀を筆頭に、通貨を過剰発行して株価までつり上げている。

　中銀群のリーマン後の金融延命策には、マイナス金利やゼロ金利の政策もある。これらは、低リスクな短期金利を極端に下げることで、高リスクな長期の国債金利や社債・ジャンク債の金利までの全体を引き下げ、債券

のバブル崩壊（ジャンク債の金利が高騰し、低リスク債に波及する）を防ぐ債券の延命策である。これにより債券は延命するが、資本主義の根幹に位置する、高金利な高リスク債と低金利な低リスク債の間の金利差（利ざや）が極端に減り、資本主義の原理が潰されてしまっている。「ベニスの商人」以来、投資家や金融機関は、利ざやで稼いでいる。マイナス金利は、全く不健全な策だ。健全な資本主義を育てるのが任務なはずの中央銀行が、資本主義を破壊している。しかも、マスコミはそれを指摘しない。馬鹿げている。

いまや債券も株も金利も、民間投資家の需給で動いていない。中央銀行が手がける民間金融システムの延命策がすべてを飲み込み、マスコミや専門家は誰もそれを指摘せず、うわべだけ平常が保たれ、市民の多くは何も知らないが、実際には、中銀群が延命策をやめたら債券金利が急騰し、株価が暴落してリーマン危機より大きな金融危機が起きる。中銀群は、この延命策をやめたり縮小することができない。

日本も米国も生活水準が第三世界並みに下がる

だがその一方で、中銀群はこの先あまり長く金融延命策（超緩和策）を続けられない。日欧の中銀は、すでに買える債券をほぼ買い尽くしており、QE の拡大が困難だ。マイナス金利も金融機関の利ざやを奪って経営難を加速するので、もうあまり深掘りできない。延命策を拡大できなくなると、金融危機が再発しやすくなる。リーマン危機の時は、中銀群に大きな救済余力があったが、次の危機は、その余力を全部使い果たした末に起きる。危機が再発すると、すべての消防車のガソリンが切れた状態で起こる大火のように、消すすべがなく、前代未聞のひどい金融危機になる。

中銀群の大きな救済余力は本来、自国の通貨や国債を安定させるために用意してあったものだ。次回の金融危機は、米国債や日本国債の金利高騰（価値急落）を引き起こすかもしれないが、その場合でも、中銀群には、自国の国債の急落を阻止・緩和する力が失われている。すでに述べたように、プラザ合意以降の米国覇権の本質は金融覇権であり、その基盤は、米

6章　多極化する世界 …… 201

国債の強さや、ドルの基軸通貨としての信用力にある。米国債の金利上昇
（価値下落）は、米国の金融覇権の崩壊を意味する。

　米国発の止めるすべのない金融危機が進むと、ドルも基軸通貨としての
国際信用力を失う。米連銀は、リーマン危機後に死に体が続く民間金融を
延命させるために、米国の覇権を自滅させてしまうことになる。米国の覇
権は、03年のイラク侵攻という軍事面の自滅的な策を経ても潰れなかった。
だが、きたるべき金融危機は、米国債の金利高騰、ドルの基軸性喪失、金
融主導の米国覇権の崩壊まで引き起こす可能性が強くなっている。

　先進諸国の外側では、すでにBRICSが人民元など自国通貨での国際決
済システムを構築している。新興諸国は、ドルが基軸通貨でなくなっても、
代わりの新システムがあるので何とかなる。中国は11年まで、毎年の対
米貿易黒字の半分以上の額を米国債購入にあてていた。中国が米国の財政
赤字を埋めてくれていた。だが、米国が中国敵視を強めた11年以降、中
国は米国債を全く買わず、むしろ売る傾向に転じ、貿易黒字の資金は金地
金などの購入にあてられている。ドルの基軸性が低下するほど、金地金が
代わりの備蓄対象として台頭する。中国は、米国の金融覇権の崩壊を予期
している。

　中国が買わなくなった分の米国債は、日銀などのQEで作られた資金に
よる購入で埋められている。米国覇権の崩壊を予期して中国が忌避するよ
うになった米国債を、代わりに日本などが買い支えている。中国は、米国
覇権の崩壊への対応を準備しているが、対米従属の日本は、最後まで自国
の力をふりしぼり、米国覇権の崩壊を食い止めようとしている。しかし、
もう日銀は弾切れだ。いずれ米日欧とも力尽き、日本などが持っている米
国債は紙切れになり、中国が持っている金地金は価値が高騰する。中国は
台頭し、日本は衰退する。この事態を回避するのは、日本にとってしだい
に困難になっている。

　中国はすでに、政府高官が株価の下落を扇動している。すでに大きく下
がった中国の株は、きたるべき米国発の金融危機に際し、もうそれほど下
がらない。やばいのは先進国の方だ。株価の下落は、すでに日本の公的年
金基金や、米国の年金基金に大きな損失をもたらしている。この先、大き

な金融危機が起きると、年金基金の損失は何倍にもなる。年金を受け取れず、貧困層に転落する「乞食老人」たちが、日本でも米国でも急増する（すでに増えている）。公的年金に株式を大量購入させる策はアベノミクスの一環だ。さすが日本国民の多数が選んだ名宰相、安倍だけのことはある。

　金融危機の再燃は、リーマン後の世界不況の再発を生む。特に、金融と財政（国債）の面で大打撃を受ける日本や米国の経済破綻がひどくなる。日本も米国も、市民の生活水準が「第三世界」並みに下がるだろう。日本の生活水準が、中国より低くなりかねない。すでに平均的な日本人像は、年収500万円の正社員から、年収250万円の派遣スタッフに下がっている。年収の低下を受け、25－44歳の男性で、結婚したい（結婚できる）と考える人の割合が、昨年の67％から、今年は39％に急低下している。さらなる少子高齢化が不可避だ。

　金融危機が再発すると、米日欧とも経済が大幅に悪化し、相対的に新興諸国に追いつかれ、「先進国」はまるごと「先進」でなくなる。「さよなら先進国」である。そのような中で、米国覇権が崩壊し、多極化が進む。中銀群の延命策は、いずれ必ず限界に達し、その際に必ず金融危機が再燃する。だから、ここに述べたような非常に暗い未来像は、非常に高い確率で具現化する。将来は明るくなければならないマスコミ記事しか見ていない読者は「悲観的な将来像など読みたくない」「暗い話を書く前に回避策を考えろ」と言うかもしれない。だが、現実的な回避策はないし、明るい未来が具現化する可能性はかなり低い。まず、この現実を受け入れるしかない。

6章　多極化する世界 …… 203

終章　トランプ革命と日本

1　従属先を軍産からトランプに替えた日本

　トランプ政権の最大の目標は、軍産複合体による世界支配（米単独覇権）を終わらせることだ。目標達成のため、有権者からの支持を維持し、再選を果たして8年やりたい。それには雇用拡大、経済成長、貿易赤字の低減、金融危機再発の先送りが必要だ。トランプは、NAFTAやTPPを潰して2国間貿易体制に替えることで、貿易相手国が軍産でなくトランプ自身に対して貢献するよう、構造転換した。トランプは、英国のメイ、日本の安倍、カナダのトルドーの順に招待して首脳会談し、軍産とトランプとの戦争で軍産でなくトランプの味方になると約束させる見返りに、同盟国として大事にするという言質を与えた（対照的に、トランプの味方をしたがらない豪州やドイツは敵視されている）。

　戦後ずっと「対軍産従属」だった日本政府（官僚独裁＋自民党）は、トランプ当選までクリントン＝軍産だけを応援していた。トランプ当選後、急いで方向転換してすり寄ってきた安倍に、トランプが提案したのは「俺が再選して軍産潰しを続けられるよう、経済で協力しろ、そうすれば日本が切望する対米従属を続けさせてやる」ということだ。安倍は、この提案を了承した。今後、米国の対日貿易赤字を減らすため、円高ドル安が容認されていく。日銀は、米金融システムを支えるQEを続けつつ、これまでQEの副産物としてあった円安効果を殺していくことを迫られている。実体経済面では、日本車の米国内での生産比率の引き上げが求められそうだ。TPPより日本に不利な2国間貿易協定も提案されてくる。日本がこれら

を拒否すると、やくざなトランプやくざのツイートに日本への非難が再び
交じるようになる。

　トランプの目標は米単独覇権の解体なので、最終的には、対米従属（＝
官僚独裁、日本官僚機構が、米覇権の傀儡として振る舞うことで、日本の
国会より上位にある非民主的な体制）の大黒柱たる在日米軍もいなくなる。
だが、それまでの軍産とトランプの戦いが続く最大8年間、日本は、経済
でトランプを支援する見返りに、在日米軍に駐留し続けてもらえる。

　トランプは、東アジアより先に中東や欧州での覇権転換を進め、東アジ
アには貿易面でトランプの加勢をしてもらう策を優先することにしたよう
で、安倍訪米の直前にトランプは、習近平と電話して「一つの中国」を承
認し、米中間の対立を緩和した。トランプは以前「中国が対米貿易を均衡
させる気がないなら、一つの中国を承認しない」という趣旨を言っていた。
トランプが一つの中国を承認したことは、中国がトランプの提案を受ける
形で米国との貿易交渉に入ることを了承したという意味が感じられる。

在日米軍をそのままにしてやるから、俺と軍産との戦いで俺に味方しろ。円高を甘受しろ

　トランプは選挙戦以来、日本の米軍駐留費の負担不足、日本当局による
円ドル為替の不正操作、日米間の貿易不均衡、日本車メーカーが米国内で
十分な製造をせずメキシコなどからの部品輸入が多すぎること、などを批
判してきた。トランプが、2月10日に訪米した安倍に対し、これらの不
満を表明して対立するのでないかと予測されていたが、実際には何の対立
もなく首脳会談が終わった。円ドル相場をめぐる対立は先送りが表明され、
貿易不均衡の是正のため日本側が譲歩して円高が容認される先行きが見え
てきた。経済は日本が譲歩させられる。だが、日本政府が最も懸念した安
保面は全く問題にされなかった。

　トランプの、選挙戦から今までの言動を見ると、彼の最大の目標は、米
国の権力を握ってきた軍産複合体を潰し、世界を米国の覇権から解放する
ことだ。日本の権力構造は、官僚が軍産複合体の傀儡として機能すること
で国会（政治権力）よりも上位に立つ官僚独裁機構であり、日本の権力機

構はトランプが潰そうとしている軍産複合体の一部だ。トランプが安保面で日本に厳しい姿勢をとるのは納得できる。この見方に立つと、トランプが安倍との会談において安保面で日本に満額回答を与えたのは意外なことになる。

　しかし、少し見方を変えて、日本側が、トランプと軍産の戦いにおいて、選挙戦中のように軍産（＝クリントン）に味方するのでなく、トランプの味方をしますと宣言したらどうだろう。トランプは喜び「わかった。それなら当面、在日米軍はそのままにしてやる。その代わり、安倍君は僕に何をしてくれるかな」という話になる。安倍がトランプに対して与えられるものは、米国の雇用増や、米企業の儲けなど、経済面でトランプを優勢にすることだ。こういう筋で日米が話を進め、安保面が先送りされ、まず経済の話になり、日本が経済でトランプに無限の譲歩をする姿勢をとったのが、今回の安倍訪米だろう。

　トランプ（やその後継政権）がいずれ軍産を潰した後、在日米軍の撤退など、日本が対米従属できない新世界秩序が立ち上がる。対米従属によって権力を維持してきた日本の官僚機構は（かつて鳩山小沢が試みたように）権力を日本国会に奪われる可能性が高まる（3.11以後の「防災独裁」＝国民の役所依存体質の強化など、官僚が対米従属以外の権力構造を構築し、間抜けな国民や政治家を出し抜いて権力を維持する可能性も高い。政界も官僚あがりに席巻されており、日本の民主化はたぶん永久に無理だが）。

　だから日本の官僚機構は、軍産でなくトランプの味方をすることに不満だろう。だが、米国で軍産が「野党」になってしまっている以上、日本が軍産と組み続けることは「対米反逆」になる。官僚たちは、安倍がトランプにすり寄るのを看過せざるを得ない。この点で安倍と官僚、特に外務省は一枚岩でない。トランプが、ニクソンのように軍産に弾劾されると、安倍も田中角栄のように引きずり降ろされるかもしれない。官僚は、この先何十年も日本の権力を握るつもりだが、安倍はあと数年の権力維持が目標だ。トランプが権力を握る限り、安倍は日本官僚を迂回できる環境にいる。

　ミスター円の榊原英資やJPモルガンなどは、トランプの要求を受けて今年末までに1ドル100円を切る円高になると予測している。アメ車の魅

終章　トランプ革命と日本 …… *207*

力を高めて日本人が買いたくなるようにするには、もし可能だとしても10年以上かかる。日米の貿易不均衡を是正するには、為替をいじるのが手っ取り早い。米国の食肉業界などは、大いに期待している。

日銀が14年末から急拡大して続けているQE（債券買い支え）は、リーマン危機後、延命しているだけで蘇生していない米国の金融システムの再崩壊を防ぐために必要不可欠だ。「債券の神様」ビルグロスは最近、日欧の中銀によるQEがないと米経済は不況に再突入すると指摘している。日銀のQEは円売りドル買いを誘発し、日本政府が希求する円安を実現する手段でもあった。だが今後はトランプの意向を受け、日銀はQEをやりつつ円安にしないような動きを強いられる。大規模なQEは日銀のほか、ユーロ圏のECB（欧州中央銀行）もやっているが、ユーロ圏は今年、崩壊感を強める。

フランスは、2017年5月の大統領選挙でルペンが勝ったら、ユーロを離脱してフランに戻る国民投票をやる可能性が高まる。ユーロ離脱後に作るフランは為替が急落し、フラン建ての仏国債は実質的な価値が急縮小し、フランスは財政赤字を減らせるが、同時に仏国債は債務不履行（デフォルト）とみなされ、これが世界の債券金利を上昇させ、リーマン危機再来の懸念が強まる。すでに危険なギリシャやイタリアなども、ユーロ離脱や国債の債務不履行へと動きかねない。ルペンの優勢は、英国のユーロ離脱や米国のトランプ当選の影響を受けたものだ。トランプは、ルペン当選＝ユーロ崩壊を煽っている。

ユーロ圏の金融が崩壊して金利が上がると、もはやECBに米国中心の世界金融システムの安定役を期待できない。米国の金融システムを延命させてくれる米国外の最大勢力は日銀になる。その意味でも、トランプは安倍を厚遇し、安保面で日本が望む現状維持を（当面）了承する代わりに、金融と経済の面で貢献させようとしている（ユーロ崩壊という、これまでより一段と規模の大きな国際金融危機の前に、すでにQEが限界に達している日銀に、この先どこまで無理をさせられるか大きな疑問ではあるが）。

東アジアはまず経済面でトランプに貢献させられる

トランプは、安倍と会う直前に習近平と就任後初の電話会談を行い「一つの中国」（台湾を国家とみなさない姿勢）を承認した。安倍の訪米前に日本に来たマティス国防長官は「尖閣諸島は日米安保条約の範囲内だ」と宣言し、その宣言を出し渋ってきたオバマ前政権からの態度変更を行った。一つの中国承認と、尖閣の日米安保範囲内の宣言は、いずれも日本が米国にやってほしいことだ。

日本は、米国が台湾問題で中国と敵対するのを好まない。米国が日本に「台湾の面倒を日本が見ろ」と言いかねないからだ。いずれ米国の覇権崩壊と中国の台頭が進み、日本が米国の後ろ盾なしに中国と対峙した時に、日本が台湾を抱えていると、中国との協調関係に移行できない。日本の中国敵視は、あくまでも対米従属のためのものだ。日本は中国と本気で対決する気などない。だから日本は米国に、台湾でなく尖閣で中国と対峙してほしい。理想主義的なオバマは、日本の対米従属根性が嫌いだったが、トランプは、対米従属させてやるから俺を応援しろという現実主義で動いている。一つの中国も尖閣も、米国側は、口を動かすだけですむ。

一つの中国から尖閣への対立点の移動は、中国にとっても利得がある。中国は、台湾問題を国際紛争にするのを認められない。対照的に、尖閣（や南シナ海）は、中国も認める昔からの国際紛争だ。トランプが台湾問題で折れたのは、中国側とのこれまでのやり取りで、貿易紛争である程度以上の譲歩を引き出せる感触を得たからだろう。それと、北朝鮮問題もある。

北は最近、トランプと新たな交渉をしたいと考えて、世界を慌てさせるため、原子炉の再稼働やミサイルの試射を繰り返している。北を何とかするには、まず中国に動いてもらう必要がある。トランプは以前から「北の問題は中国に責任がある」と言っている。中国は「いやいや、北の若大将は、うちでなくトランプさんと会いたくてミサイル撃ってるみたいですよ」と言ってくる。東アジアより先に中東や欧州の問題を片付けたいトラ

ンプは「そんなこと言わずに中国が動いてくれ。一つの中国を承認してや
るから。いいだろ？」と習近平に持ちかけた感じだ。北朝鮮をめぐる外交
が動き出す気配はまだないが、北の問題がトランプにとって東アジアの安
保問題での最優先課題である感じはする。

あとがき──トランプ革命の行方

　トランプ政権の目標は、米国の単独覇権の重荷を軽減、放棄することだ。本書は、そのことについて多方面から解説した。だが今後、トランプが目標を達成できるとは限らない。米国の政権は従来、軍産複合体が隠然と権力を握る「軍産隠然独裁体制」で、民主的に選ばれた大統領が、その独裁体制を崩そうとすると、軍産は頑強に抵抗し、逆に大統領を潰そうと反撃してくる。トランプと軍産との「果し合い」は、まだ序盤戦だ。

　今後の展開として、いくつかの可能性がある。1つ目は、トランプが果し合いに負け、暗殺もしくは弾劾されるか、または大統領職にとどまれるが初期の目標を遂行できる側近をすべて失い、周りの側近や閣僚がすべて軍産の傀儡ばかりになってしまうことだ。

　たとえば、ウィキリークスのジュリアン・アサンジによると、CIAなど軍産側が、トランプ政権内でペンス副大統領の発言力が大きくなるように仕組んでいるふしがある。ペンスは共和党主流派の軍産系の人で、もともとトランプが共和党主流派からの支援をとりつけるため、ペンスを副大統領候補にして大統領選に臨んだ経緯がある。トランプ政権はペンスだけでなく、マティス国防長官など、軍産系の側近がしだいに目立っている。もし軍産敵視の首席戦略官のバノンが辞めさせられると、政権内で軍産系の勢力が強まっている感じが顕在化する。軍産系の人々は、トランプが命じた政策を、微妙に換骨奪胎し、意図的に失敗させたり軍産好みの政策にねじ曲げたりして、トランプの目標を潰し、軍産を温存させる。

　だがしかし、トランプは意志が強い上に、常識にとらわれない。軍産が隠然と醸し出す全体の合意など重んじず、やりたいようにやる。彼は一人でも戦うだろう。側近を更迭する権限はトランプにある。また、共和党の主流派は、経済政策でトランプを支持する傾向が強く、すでに軍産と共和

党主流派は一枚岩でない。トランプは、党主流派を経済政策で「買収」して軍産と分裂させることに、かなり成功している。軍産による妨害が強くなり、目標に向かうトランプの速度が遅くなって、目標を達成しきれずに大統領の任期を終えるかもしれない。だが半面、共和党主流派の支持を維持できれば、再選して任期が８年に伸び、目標を達成できる可能性が増す。

　２番目の可能性は、１番目と正反対に、トランプによる米覇権の放棄が順調に進み、ユーラシアから中東にかけての地域で、ロシアや中国の覇権が強まり、欧州も草の根の左翼や右翼が政権をとり、対米従属のエリート層を追い出して対米自立して、世界的に多極化が進行する可能性だ。米国と中国が協調し、対米自立を目指す韓国の新政権も加わって、北朝鮮が核開発を棚上げする見返りに、米朝や南北が和解する展開もありうる。この場合、在韓米軍が撤退の方向になり、その先に在日米軍の撤退が見えてくる。日本は戦後の対米従属を脱していくことを迫られる。

　このシナリオの可能性を引き下げているのは、米国側の軍産だけでない。ロシアや中国は、地域覇権を背負うことに消極的な面がある。覇権を持つと、自国の影響圏となった諸外国の世話をせねばならず、経済的、政治的なコストやリスクが大きくなる。明確に儲かる話がない限り、外国に手を出すことに消極的な指導者が各国に多くても不思議でない。逆に、今まで米国はよくぞ世界中の面倒を見ていたものだと感心する。日本などは、敗戦国であることを盾に、対米従属のみに固執し、アジアで自国の地域覇権を再拡大することをかたく拒否している。覇権は、ババ抜きのジョーカーと同様の諸刃の剣である。

　とはいうものの、中東では、シリア内戦への介入を機に、すでにロシアが覇権を持っている。ロシアは、自国のリスクを減らすため、イランやトルコといった、地域覇権を持ちたい他の地元諸国と協調して動いている。最近はイスラエルもそこに入ってきた。中国も、胡錦涛までは地域覇権を持つことに消極的だったが、習近平になって「一帯一路（対シルクロード投資計画）」など、経済主導の覇権拡大を目標にしている。

　地域覇権国になりつつある中国とロシアとイランなどは、相互に仲良く

している。それらの国々と米国との関係が改善しない限り、多極化が進まないというものではない。トランプが、プーチンや習近平やハメネイと仲たがいしたままでも、米国が放棄した覇権を中露イランが拾うなら、多極化が進み、トランプの目標が達成されていく。軍産は、トランプの対露和解を妨害しているが、それによって長期的な多極化の流れを止めるのは困難だ。

結局のところ、トランプが軍産との対決で苦戦する1つ目のシナリオと、トランプが軍産に快勝して多極化が進む2つ目のシナリオの、両方を折衷した、苦戦するが多極化も進むという第3のシナリオが、現実的かもしれない。欧州の対米自立は進むが朝鮮半島は何も変わらない（日韓の対米従属が続く）など、地域ごとに覇権転換の速度が異なる事態も考えられる。

これらと別に、4つ目のシナリオとして「金融再破綻」がある。2008年のリーマン危機後、米国を中心とする国際金融システム（債券金融システム）は蘇生しておらず、米日欧の中央銀行群によるQEなど超緩和策によって延命しているだけだ。トランプ当選後、株価が上がり続けたが、これはバブル膨張が進んでいるだけだ。いずれ延命策が尽きるとバブルが崩壊し、リーマン危機を超える規模の金融再破綻が起きる。それがトランプ政権下で起きるとは言い切れないが、これから2期8年もの間、バブル膨張を維持できると言い切ることもできない。

2020年の次期大統領選より前に、きたるべきバブル崩壊が起きると、トランプの再選が難しくなる。そのためトランプは、再選まで何とかバブルをもたせ、2期目に入ってからバブル崩壊が起きるかもしれない。それ以前だと、2017年のフランス大統領選挙でルペンが勝ってユーロ離脱を宣言し、それを機に欧州発の国際金融危機が起きる可能性がある。

米連銀は、17－18年に何回か利上げするつもりだという。本書に書いた「国債利払い増やインフレの進展を止めるため、トランプが米連銀に利上げをやめさせ、金融緩和に転じさせる」という分析とは逆方向に事態が動いているように見える。だがこれは、まだ事態がバブル崩壊に近づいていないので、米連銀がわずかずつの利上げによって自らの財務体質を改善

していく余裕があることを意味しているにすぎない。バブル崩壊が近づく
と、米連銀は利上げをやめて再び QE などの緩和策を手がけねばならなく
なる。日本や欧州の中央銀行の QE はいずれも限界に近づいている。米国
の QE を肩代わりしてくれていた日欧が QE をやめる方向になると、米連
銀は利上げ傾向をやめねばならなくなる。

　米国の金融崩壊は、米国の国際影響力を低め、覇権の多極化を進ませる。
中国は、米国より先に金融崩壊しているが、これは習近平政権が意図的に
金融バブルを崩壊させているもので、きたるべき米国発の世界的なバブル
崩壊で悪影響を受けにくくするための政策だ。中国は次の世界バブル崩壊
によって潰れない。中国は逆に、米国との経済力の格差を縮ませる方向に
なる。

　日本では、本書に書いたような米国の覇権放棄や多極化に関する分析が、
ほとんど行われていない。対米従属の日本では「お上」である米国の覇権
的な本質についての分析がタブーになっている。大学では、その手のこと
を全く教えない。権威ある専門家ほど、覇権について知らないし語らない。
「米国は永久に日本を支配したいんだ」といった在野の言説はよく目にす
るが、それは対米従属に首までひたった日本人の思い込みであり間違いだ。

　おそらく日本は今後も、トランプと軍産の暗闘の構図について知ろうと
せず、覇権転換への準備もしないまま、国力の低下を甘受していくだろう。
日本がこうした暗い未来を避けるには、まずトランプ革命の展開をよく見
ていく必要がある。

田中　宇（たなか・さかい）

国際情勢解説者。1961年東京生まれ。東北大学経済学部卒。東レ勤務を経て共同通信社に入社し、世界のニュースを多読しながら、報道にかかる政治的なバイアスを読み解く独自の方法論を獲得。1996年ごろからメールマガジン「田中宇の国際ニュース解説」（https://tanakanews.com）の配信を開始。とくに2001年のアメリカ同時多発テロ事件以降、一般のニュースが偏向していると感じた人々を中心に支持を広げ、現在読者は14万人を数える。
著書に『タリバン』（光文社）、『非米同盟』（文藝春秋）、『世界がドルを捨てた日』（光文社）、『日本が「対米従属」を脱する日』（風雲舎）、『金融世界大戦』（朝日新聞出版）ほか多数。

トランプ革命の始動──覇権の再編

2017年4月20日　　初版第1刷発行

著者 ──── 田中　宇
発行者 ─── 平田　勝
発行 ──── 花伝社
発売 ──── 共栄書房
〒101-0065　東京都千代田区西神田2-5-11出版輸送ビル2F
電話　　　　03-3263-3813
FAX　　　　03-3239-8272
E-mail　　　kadensha@muf.biglobe.ne.jp
URL　　　　http://kadensha.net
振替 ──── 00140-6-59661
装幀 ──── 黒瀬章夫（ナカグログラフ）
印刷・製本 ─ 中央精版印刷株式会社

©2017　田中宇
本書の内容の一部あるいは全部を無断で複写複製（コピー）することは法律で認められた場合を除き、著作者および出版社の権利の侵害となりますので、その場合にはあらかじめ小社あて許諾を求めてください
ISBN978-4-7634-0810-5 C0036